CORAL EM AÇÃO
UM MANUAL PRÁTICO
PARA FORMAÇÃO E GESTÃO DE CORAIS

Editora Appris Ltda.
1.ª Edição - Copyright© 2025 dos autores
Direitos de Edição Reservados à Editora Appris Ltda.

Nenhuma parte desta obra poderá ser utilizada indevidamente, sem estar de acordo com a Lei nº 9.610/98. Se incorreções forem encontradas, serão de exclusiva responsabilidade de seus organizadores. Foi realizado o Depósito Legal na Fundação Biblioteca Nacional, de acordo com as Leis nᵒˢ 10.994, de 14/12/2004, e 12.192, de 14/01/2010.

Catalogação na Fonte
Elaborado por: Josefina A. S. Guedes
Bibliotecária CRB 9/870

O482c 2025	Oliveira, Jetro Meira de Coral em ação: um manual prático para formação e gestão de corais / Jetro Meira de Oliveira. – 1. ed. – Curitiba: Appris, 2025. 169 p.; 23 cm. Inclui bibliografias. ISBN 978-65-250-7342-2 1. Canto coral. 2. Música coral. 3. Regência de coros. 4. Coros (Música). I. Título. CDD – 782.5

Livro de acordo com a normalização técnica da ABNT

Appris _editora_

Editora e Livraria Appris Ltda.
Av. Manoel Ribas, 2265 – Mercês
Curitiba/PR – CEP: 80810-002
Tel. (41) 3156 - 4731
www.editoraappris.com.br

Printed in Brazil
Impresso no Brasil

Jetro Meira de Oliveira

CORAL EM AÇÃO
UM MANUAL PRÁTICO
PARA FORMAÇÃO E GESTÃO DE CORAIS

Curitiba, PR
2025

FICHA TÉCNICA

EDITORIAL	Augusto Coelho
	Sara C. de Andrade Coelho

COMITÊ EDITORIAL

Ana El Achkar (Universo/RJ)
Andréa Barbosa Gouveia (UFPR)
Antonio Evangelista de Souza Netto (PUC-SP)
Belinda Cunha (UFPB)
Délton Winter de Carvalho (FMP)
Edson da Silva (UFVJM)
Eliete Correia dos Santos (UEPB)
Erineu Foerste (Ufes)
Fabiano Santos (UERJ-IESP)
Francinete Fernandes de Sousa (UEPB)
Francisco Carlos Duarte (PUCPR)
Francisco de Assis (Fiam-Faam-SP-Brasil)
Gláucia Figueiredo (UNIPAMPA/ UDELAR)
Jacques de Lima Ferreira (UNOESC)
Jean Carlos Gonçalves (UFPR)
José Wálter Nunes (UnB)
Junia de Vilhena (PUC-RIO)

Lucas Mesquita (UNILA)
Márcia Gonçalves (Unitau)
Maria Aparecida Barbosa (USP)
Maria Margarida de Andrade (Umack)
Marilda A. Behrens (PUCPR)
Marília Andrade Torales Campos (UFPR)
Marli Caetano
Patrícia L. Torres (PUCPR)
Paula Costa Mosca Macedo (UNIFESP)
Ramon Blanco (UNILA)
Roberta Ecleide Kelly (NEPE)
Roque Ismael da Costa Güllich (UFFS)
Sergio Gomes (UFRJ)
Tiago Gagliano Pinto Alberto (PUCPR)
Toni Reis (UP)
Valdomiro de Oliveira (UFPR)

SUPERVISORA EDITORIAL	Renata C. Lopes
PRODUÇÃO EDITORIAL	Bruna Holmen
REVISÃO	J. Vanderlei
DIAGRAMAÇÃO	Bruno Ferreira Nascimento
CAPA	Danielle Paulino
REVISÃO DE PROVA	Bruna Santos

APRESENTAÇÃO

Estou muito feliz de poder compartilhar com você uma nova edição, revista e expandida, do livro que originalmente foi publicado em 2016 como *O Coral Completo*. Preparei este livro pensando em meus alunos da graduação em música e na dificuldade que um regente de coral inexperiente tem ao começar sua carreira. Pensei também em reunir informações práticas, em formato de "dicas". No entanto, uma prática sem o mínimo de fundamentação teórica/filosófica pode ser desastrosa. Por isso resolvi incluir também alguns textos sobre aspectos de embasamento da atividade de um regente coral.

Acredito que o coral é um dos meios com maior potencial para se promover educação musical. Qualquer pessoa pode e deve cantar. O canto coral é uma maneira de aproximar mais as pessoas e promover hábitos sociais saudáveis. O canto coral pode ser uma verdadeira aventura de exploração de culturas e universos sonoros.

Creio na origem divina do ser humano e como tal, no objetivo máximo da educação: desenvolver o ser humano nas suas dimensões física, intelectual, moral e espiritual.

Neste livro estão informações coletadas ao longo de mais de 30 anos regendo corais e aprendendo com meus mestres. Um agradecimento especial aos meus modelos: James Hanson, Zvonimir Hacko, Stephen Zork, Barrington Coleman e Fred Stoltsfuz e mais recentemente, James Jordan e equipe no *Westminster Choir College*.

Meu desejo é o de que este material possa ser muito útil na sua carreira de regente.

O autor

PREFÁCIO

O Canto Coral no Brasil passou por grandes modificações nos últimos 40 anos. Entre as principais mudanças está a crescente descontração dos grupos, tanto em sua postura em palco, incluindo até elementos cênicos, como nos uniformes utilizados, muitos deixando de lado as batas formais de outros tempos. Houve também nova abordagem da sonoridade vocal buscada por muitos dos grupos. Mas, um dos aspectos que mais se modificou nesse período foi o repertório, cada vez mais voltado para arranjos, principalmente de música popular brasileira. Destaque-se nesse panorama da mudança de repertório a atuação do arranjador e regente Marcos Leite, infelizmente já desparecido. Além disso, novos segmentos de atividade coral foram incorporados, tais como os corais de empresa e de terceira idade.

Apesar de todas essas mudanças, os modelos mais antigos não desapareceram, e hoje em dia há uma saudável convivência de inúmeras tendências no cenário coral brasileiro.

Um dos fatores decisivos para todas essas mudanças foi o Projeto Villa-Lobos, da FUNARTE, dirigido pela maestrina Elza Lakschevitz, durante a década de 1980 e início de 1990. Através do Projeto Villa-Lobos, foram realizados anualmente os Painéis de Regência Coral, que passaram a reunir, ineditamente, regentes e cantores de todas as regiões brasileiras, numa rica troca de experiências e repertórios. Nesses painéis, também eram oferecidos cursos e oficinas em várias áreas, tais como coro cênico, técnica vocal, arranjo vocal e regência coral. Os Painéis ainda continuam a ser realizados pela Funarte, embora com intensidade muito menor.

Nesse cenário coral tão pujante, surge a necessidade da permanente formação de regentes corais, profissionais habilitados a conduzir seus conjuntos de forma engajada, eficiente e prazerosa. Há muitos novos regentes que têm a sorte de estar próximos a professores e profissionais experientes, ajudando-os a dar os primeiros passos na atividade. Porém, pelo Brasil afora, muitos novos regentes iniciam sua atividade de forma empírica, sem o respaldo de professores abalizados e modelos confiáveis. A bibliografia existente sobre o assunto é muito pouca e dificilmente acessível, o que compromete ainda mais a formação desses profissionais.

Nesse contexto, o regente e professor Jetro de Oliveira se propôs a sintetizar toda a sua experiência e produzir o presente livro, *Coral em Ação*, que certamente terá enorme repercussão no meio coral brasileiro e na formação de regentes em nosso país.

Jetro de Oliveira aborda em seu livro assuntos práticos e técnicos, tais como atitudes do regente, sua preparação e planejamento dos ensaios, classificação de vozes juvenis e adultas, técnicas de ensaio, fisiologia e preparação da voz para os ensaios, com especial destaque para a formação de coros infanto-juvenis. E tudo isso numa linguagem simples e fluente, que facilita a comunicação com os jovens regentes.

Apesar de toda a sua ênfase técnica, Jetro de Oliveira tece importantes reflexões, na introdução de seu livro, abordando questões filosóficas, sociológicas, psicológicas e educacionais em torno da atividade coral. Como isso, deixa bem claro para os leitores de seu livro que conduzir um conjunto coral vai muito além das questões técnicas comumente abordadas.

Esperamos que o canto coral brasileiro continue se modificando com vigor nos próximos 40 anos e que o livro de Jetro Meira de Oliveira, *Coral em Ação*, seja um guia no acompanhamento desse processo.

Carlos Alberto Figueiredo

SUMÁRIO

UNIDADE 1
PARA REFLETIR NA PRÁTICA

MÚSICA E CRIATIVIDADE:
BREVES CONSIDERAÇÕES HISTÓRICAS E FILOSÓFICAS..................15

Liberdade, massificação e padronização.. 18

Questões históricas de educação musical..20

Possibilidades criativas da música...22

Criatividade no Canto Coral 23

ALGUNS PENSAMENTOS SOBRE INCLUSÃO SOCIAL E CULTURAL....27

UNIDADE 2
PRIMEIRAS NOTAS ENSAIADAS

COMO COMEÇAR UM CORAL...33

PASSOS PARA COMEÇAR UM CORAL VOLUNTÁRIO........................37

Decida o tipo e objetivo do coral 37

Trabalhe em equipe e com apoio..39

Escolha um pianista 39

Selecione os cantores 40

Escolha e prepare o repertório 41

Incentive, encoraje e cresça sempre 43

Prepare/organize continuamente 44

Seja criativo..47

CLASSIFICAÇÃO/SELEÇÃO DE VOZES...51

Ideias sobre a voz em mudança 52

Procedimentos Básicos para Classificação de Vozes 54

Fichas de anotação para testes..58

TRABALHANDO COM CORAIS DE TERCEIRA IDADE 61

Benefícios de cantar em corais de terceira idade 61

Desafios enfrentados ao trabalhar com corais de terceira idade 62

Melhores práticas para trabalhar com corais de idosos 63

DESENVOLVENDO UMA FILOSOFIA PESSOAL DE TRABALHO 67

UNIDADE 3
ENSAIOS

O REGENTE CORAL COMO MODELO E INSPIRAÇÃO 73

Métodos de ensino...73

Relacionamentos interpessoais 74

Promovendo o amor pela música 75

PAPÉIS ESPECÍFICOS DO REGENTE......................................77

O Regente como Facilitador...77

O Regente como Instigador..78

O Regente como Mediador..79

TRABALHANDO COM PESSOAS 81

Resolução de Conflitos e Promoção da Sinergia do Grupo 81

Atitudes do Regente..83

PROCEDIMENTOS DE ENSAIO 87

O planejamento antecipado..87

Técnicas/dinâmica de ensaio 91

Prioridades de Ensaio..92

Algumas considerações sobre ensaios em naipes separados.........................93

Identificação e correção de problemas básicos.........................96

Procedimentos específicos para coro infantil e juvenil.........................99

Algumas ideias para o trabalho coral com crianças de 5 a 7 anos.........................99

Algumas ideias para o trabalho coral com crianças de 8 a 10 anos.........................100

Algumas ideias para o trabalho coral com juvenis/adolescentes de 11 a 13 anos...101

Avaliação pós-ensaio: um passo essencial para o crescimento musical....102

Reflexão detalhada.........................102

Registro de sugestões para melhoria.........................102

A importância de gravações.........................103

Objetividade e equilíbrio.........................103

Envolvimento dos cantores.........................104

A avaliação como ferramenta de crescimento.........................104

AQUECIMENTO.........................107

Importância do suspiro e sirene.........................107

Procedimento para o suspiro descendente.........................107

Exercícios de Ginástica Respiratória de Strelnikova.........................108

Vogais.........................110

Exercícios básicos para diferenciação de vogais.........................112

Sequência de Aquecimento 1.........................114

Sequência de Aquecimento 2.........................115

Sequência de Aquecimento 3.........................117

POR QUE E COMO ENSINAR
LEITURA MUSICAL PARA CANTORES.........................119

A importância de cantores aprenderem a ler à primeira vista.........................119

Aprimorando a alfabetização musical.........................119

Facilitando a colaboração com outros músicos.........................120

Expansão das opções de repertório 120

Construindo confiança e independência musical 121

Métodos de aprendizado: o caminho para a excelência 121

Uma abordagem flexível 122

Procedimentos simples para a introdução de leitura musical 123

UNIDADE 4
CORAL ESCOLAR

DESENVOLVENDO UM CURRÍCULO CORAL ESCOLAR 131

Elementos básicos do currículo de canto coral 131

Canto coral e educação integral 133

DESENVOLVENDO UM PROJETO CURRICULAR DE CORAL 135

METAS DE UM PROGRAMA DE CORO ESCOLAR 139

METAS DETALHADAS DO PROGRAMA DE CORAL ESCOLAR 141

UNIDADE 5
ESTUDO DE CASO

NOSSA EXPERIÊNCIA NO UNASP 149

CORAL FEMININO E CORAL MASCULINO 151

CORAL MISTO 153

Objetivos gerais do programa coral 153

OBJETIVOS DETALHADOS DO PROGRAMA DE CORAL MISTO 155

CONSIDERAÇÕES FINAIS 161

REFERÊNCIAS 163

UNIDADE 1
Para refletir na prática

MÚSICA E CRIATIVIDADE: BREVES CONSIDERAÇÕES HISTÓRICAS E FILOSÓFICAS

Por que ser criativo? E, mais que isso, por que ser criativo na música? Essas perguntas podem parecer sem sentido ou um tanto óbvias. No entanto, precisamos ao menos nos debater com as questões, se queremos endossar a ideia de que música e criatividade devem andar juntas ou no caso de justificar esse conceito de maneira especial na educação musical.

Aqueles que acreditam na Bíblia precisam considerar a criatividade como um atributo que revela a origem divina do ser humano, a Sua imagem e semelhança. As primeiras linhas da Bíblia, no Gênesis, apresentam um Deus artista, um ser criativo. Esse Deus planeja e realiza a criação de um mundo incrivelmente variado, que não só possui animais e plantas de todos os tamanhos, formas e cores, mas também uma incrível variedade de experiências estéticas no próprio visual da atmosfera. Observe os diferentes matizes entre um nascer de sol e seu pôr. Ou ainda o movimento de nuvens neste mesmo ponto de visão. A capacidade de apreciar o belo é um atributo que distingue o ser humano dos outros animais. Não há outra espécie que se preocupa em combinar cores no vestuário e que seja capaz de responder com fortes emoções a estímulos artísticos sensoriais. Também não há outro animal tão preocupado em produzir arte. Nas palavras de Chesterton, "Arte é a assinatura do ser humano" (CHESTERTON, 1925, s.p.).

Mas se herdamos do Criador o sentido estético e a criatividade, precisamos entender que somente Deus é capaz de criar o que no latim se chama *ex nihlo*, "a partir do nada", na tradução. Nós não criamos a partir do "nada", mas manipulamos os materiais já existentes de uma maneira própria, única, que expressa nosso ímpeto criativo. Este ímpeto criativo é passivo de desenvolvimento, e justamente por isso pode ser incorporado a um processo educativo de maneira muito proveitosa. Recorrendo novamente ao processo criativo de Deus no Gênesis, observamos que este tem um forte sentido de ordem e propósito. Inicialmente "Era a terra sem forma e vazia;" (Gên. 1:2), mas a ação divina não para neste ponto, dando à criação sua continuidade, forma e propósito, além de beleza. Cremos que nosso esforço criativo deve refletir este processo divino. Mesmo vivendo em um mundo que aparentemente é sem sentido e sem propósito, e justamente por isso produz muitas manifestações artísticas que espelham esse pensamento, cristãos devem prezar por produzir uma arte que dialogue com a sociedade e, ao mesmo tempo, ateste a origem divina do ser humano (JOHANSSON, 1988, p. 9-11).

A relação entre espiritualidade e criatividade é assunto discutido há muito tempo pela psicologia humanista. Para Carl G. Jung, "[...] a arte representa um processo de autorregularão espiritual na vida das épocas e das nações" (JUNG, 1970, p. 54). A espiritualidade em Jung está ligada a uma "psicologia do desenvolvimento", na qual a criança nasce com toda a carga instintiva, animal ou natural, mas também com diferenciações históricas e hereditárias, e a "condição espiritual". "O princípio espiritual, como diz Jung, contrapõe-se ao princípio meramente instintivo, refreando-o. [...] não se trata aqui de uma repressão inevitável e determinista, mas de uma canalização e um transcender da instintividade" (XAVIER, 2006, p. 187).

Contrapondo-se ao instintivo, a dimensão espiritual do ser humano é algo que o distingue dos outros animais. Jung discute "processo criativo", "anseio criativo" e fala das qualidades simbólicas da arte. Mas também fala da obra de arte não como símbolo, mas como sintoma, quando ela é produto do que chama de "mananciais turvos", sugerindo que provavelmente "devamos deixar este tipo de arte, sem pena ou remorso, por conta do método purgativo freudiano" (JUNG, 1970, p. 52).

Já Viktor Frankl vê a totalidade do ser humano como sendo bio-psico-espiritual: "A esta totalidade, ao ser humano total, pertence o espiritual, e lhe pertence como a sua característica mais específica" (FRANKL, 2007, p. 23). Dentro de sua conceituação de ser humano, Frankl dá destaque a aspectos como "consciência de liberdade", "ser indivíduo" e "ser que decide" (FRANKL, 2007, p. 22, 21). Para Frankl existe uma confrontação entre o instintivo e o espiritual dentro do inconsciente (2007, p. 19). Ele destaca que "decidir e discernir, são próprios de algo espiritual" (FRANKL, 2007, p. 28).

Frankl afirma que o sentido estético, a consciência artística do ser humano tem sua origem no inconsciente espiritual:

> Neste sentido, o artista também depende de uma espiritualidade inconsciente quanto à produção e também quanto à reprodução artística. A intuição da consciência, em si irracional e, portanto, também não totalmente racionalizável, corresponde, no artista, a inspiração, a qual está igualmente enraizada numa esfera de espiritualidade inconsciente. A partir dela, o artista realiza suas criações e, com isso, as fontes das quais ele se alimenta estão e continuam imersas numa escuridão que jamais poderá ser totalmente iluminada pela luz da consciência. [...] Não raro, a auto-observação forçada, a vontade de "fazer" conscientemente aquilo que deveria se realizar por si numa profundidade inconsciente, torna-se um obstáculo para o artista criador. Qualquer reflexão desnecessária pode prejudicar a obra do artista (FRANKL, 2007, p. 34).

Falando da "transcendência da consciência", Frankl aponta que "toda liberdade tem um 'de quê' e um 'para quê'", destacando que o "para quê" é a responsabilidade do ser humano (FRANKL, 2007, p. 48). E é este 'para quê' que aponta para a busca de sentido. "Ser livre é pouco, ou nada, se não houver um 'para quê'" (FRANKL, 2007, p. 54). Paul Tillich, complementa: "Ser religioso significa fazer a pergunta apaixonada pelo sentido da nossa existência" (FRANKL, 2007, p. 78). Frankl ainda acrescenta que: "Sentido precisa ser encontrado, mas não pode ser produzido" e que "Sentido não só precisa, mas também pode ser encontrado, e na busca pelo mesmo é a consciência que orienta a pessoa" (FRANKL, 2007, p. 84-85).

Liberdade, massificação e padronização

A utilização inter e transdisciplinar de conceitos oriundos de diferentes áreas permite o vislumbre de uma abordagem educacional ampla que contemple o ser humano como tema central. Nesse sentido, a conceituação de "Desenvolvimento Humano" do Programa das Nações Unidas para o Desenvolvimento (PNUD)[1] é de interesse para esta discussão. A ideia de que as "pessoas são a verdadeira riqueza de uma nação" é a central do conceito. Para Mahbub ul HAQ,

> O propósito básico do desenvolvimento é ampliar as escolhas das pessoas. Em princípio, estas escolhas podem ser infinitas e podem mudar com o tempo. Pessoas frequentemente valorizam realizações que não aparecem, ou não aparecem imediatamente, em números de renda e crescimento: maior acesso ao conhecimento, melhor nutrição e sistema de saúde, meios de subsistência mais seguros, segurança contra crime e violência física, horas de lazer satisfatórias, liberdade política e cultural e um senso de participação nas atividades da comunidade. O objetivo do desenvolvimento é criar um ambiente favorável para as pessoas desfrutarem uma vida longa, saudável e criativa[2] (s.d., s.p.[3]).

---

[1] http://hdr.undp.org

[2] "The basic purpose of development is to enlarge people's choices. In principle, these choices can be infinite and can change over time. People often value achievements that do not show up at all, or not immediately, in income or growth figures: greater access to knowledge, better nutrition and health services, more secure livelihoods, security against crime and physical violence, satisfying leisure hours, political and cultural freedoms and sense of participation in community activities. The objective of development is to create an enabling environment for people to enjoy long, healthy and creative lives".

[3] Disponível em < http://hdr.undp.org/en/humandev/>. Acesso em: 2 abr. 2013.

Complementando esta ideia, Amartya SEN salienta:

> Desenvolvimento humano, como uma abordagem, está preocupado com aquilo que considero ser a ideia básica de desenvolvimento: a saber, avançar as riquezas da vida humana, ao invés das riquezas da economia na qual os seres humanos vivem, que é somente uma parte disto[4] (s.d., s.p.[5]).

De maneira mais específica, Carlos Lopes (2005, p. 22-23) conceitua Desenvolvimento Humano como "uma constante expansão das oportunidades dos indivíduos e sociedades", que "merece e precisa da defesa das liberdades culturais de todos e de cada indivíduo".

Ken Robinson afirma que um dos grandes problemas da educação contemporânea é justamente o "academicismo", ou, sua preocupação em desenvolver certos tipos de habilidades acadêmicas em detrimento de outras e sua confusão sobre o que é inteligência. Em particular, o autor aponta que o currículo escolar simplesmente não contempla a criatividade (ROBINSON, 2001, p. 17-18, 37). Em suma o que Robinson diz é que a padronização presente tanto nos currículos escolares como nas expectativas dos professores para com seus alunos destrói a criatividade.

Na sociedade atual há a questão da exigência de grande especialização, principalmente em função da tecnologia. O especialista alcança grande adestramento técnico em sua área, mas em detrimento de sua sensibilidade humana e da espontaneidade do seu fazer. Nesse caso, Há um reducionismo. O especialista vê basicamente os problemas de sua especialidade, e neste contexto a real possibilidade de criatividade é limitada. Quando aplicamos isso a processos de educação musical, devemos evitar a ideia de rotina mecânica tão presente em currículos cheios de "fórmulas" e baseados em modelos de "linha de montagem" (OSTROWER,

---

[4] "Human development, as an approach, is concerned with what I take to be the basic development idea: namely, advancing the richness of human life, rather than the richness of the economy in which human beings live, which is only a part of it".

[5] Disponível em < http://hdr.undp.org/en/humandev/>. Acesso em: 2 abr. 2013.

2010, p. 38-39). Quando a teoria musical é ensinada sem a prática ou quando o aluno intuitivo que toca de "ouvido" não tem a teoria musical ligada à sua prática musical, fórmulas mecânicas estão em ação que limitam a experiência destes alunos.

Há um processo de desumanização quando rotinas mecânicas são adotadas. "Pois não só se exclui do fazer o sensível, a participação interior, a possibilidade de escolha, de crescimento e de transformação, como também se exclui a conscientização espiritual que se dá no trabalho através da atuação significativa, e, sobretudo, significativa para si em termos humanos". Paradoxalmente, a redução das atividades humanas a um nível não criativo traz à tona uma fantasia de supercriatividade na qual não existem delimitações, levando a arte a permanecer submersa em um "mar de subjetivismos" (OSTROWER, 2010, p. 39).

Isto evidencia a importância do aluno compreender o significado daquilo que faz. A criatividade e a liberdade só são verdadeiras quando há um "do que" "para que", quando há propósito e significado. É importante também considerar a variedade de estímulos musicais aos quais o aluno é exposto. Não criamos do nada, como somente Deus pode fazer. Nossa criatividade musical depende em grande parte das experiências musicais que temos.

Questões históricas de educação musical

Dentro de uma perspectiva histórica, nós ainda convivemos com uma forte herança de ensino musical técnico. O surgimento do conservatório musical no Séc. XIX trouxe a ideia de uma "fórmula" para se alcançar a habilidade técnica necessária para tocar um instrumento virtuosamente. São publicados então inúmeros volumes de estudos, como os de Kreutzer (1796) e Baillot (1834) para o violino, ou Hanon (1873) e Czerny (1833, 1844) para o piano.

Creio que o aspecto mais negativo desta prática de educação musical é a ideia de nivelamento ou padronização[6]. Isto compro-

---

[6] Ver meu texto: *Massificação musical e a perda da individualidade: implicações para a educação musical.* 2012.

mete tanto a criatividade como a individualidade do aluno. Já em 1935 Mário de Andrade fazia dura crítica ao ensino de conservatório ou seu processo industrial de linha de montagem.

> A maioria dos conservatórios se comercializa então, engolidos pela torrente niveladora. Se tornam produtores de pianistas e violinistas, confundindo a elevação cultural da sua finalidade com as acomodações despoliciadas do ensino particular. Não são conservatórios, são cooperativas de professores particulares (ANDRADE, 1991, p. 189).

Mário de Andrade atribui ao conservatório um processo industrial que simplesmente não é propício para a nutrição de um músico criativo, sensível e compreendedor da arte que pratica. Andrade ainda critica o fetichismo da celebridade musical, perguntando: "Qual o pai que desejou tornar o filho um músico completo? Talvez nenhum. Qual o pai que desejou ver o filho um pianista ou cantor célebre? Talvez todos" (ANDRADE, 1991, p. 188).

Mas o que seria este músico completo ao qual Mário de Andrade faz menção? Harnoncourt oferece uma pista indicando a mudança do modelo de educação musical do Barroco de "mestre e aprendiz" para o modelo do conservatório como um aspecto negativo deste processo de padronização técnica. A relação entre mestre e aprendiz é mais próxima e pessoal, permitindo uma interação mais profunda que resultava não somente em compreensão técnica, mas também do sentido da música e sua retórica (HARNONCOURT, 1998, p. 28-29).

No Barroco há questões práticas que são mais relevantes para nossa reflexão sobre música e criatividade. As expectativas sobre a formação de um músico incluíam muitos aspectos de criatividade. Um exemplo disso é que todo tecladista devia ser capaz de realizar um baixo cifrado. Isto significa na sua essência um improviso guiado, no qual a partitura é apenas um esboço daquilo que pode ser executado. Na ária Da Capo era esperado do cantor a capacidade de improvisar ornamentos para a primeira seção da peça em sua repetição. Ainda ligada à questão de ornamentos, todo músico, instrumentista e cantor deveria saber não somente improvisar ornamentos, mas também interpretar notação e estilo.

Não é o saudosismo romântico que nos interessa aqui. O que realmente importa é a observação de que o aluno de música era primeiramente um indivíduo e não apenas mais um em uma linha de montagem e que a educação musical incluía oportunidades para o músico exercer sua criatividade. Essas sim são lições importantes para nós hoje.

Possibilidades criativas da música

Naturalmente o processo de composição/arranjo musical se apresenta como possuidor da mais íntima relação entre música e criatividade. Mas quase toda atividade musical é na sua essência propensa a criatividade. O simples ato de cantar uma melodia conhecida pode ser imbuído de criatividade na interpretação. Seguramente, muito desse processo de interpretação musical pode ser intuitivo ou simplesmente copiado. Mas pode também ser uma legítima manifestação de auto-expressão que se desenvolve, obtendo sensibilidade e sofisticação musical em um processo educativo. A educação contribui para dar objetividade ao elemento subjetivo da criatividade. Dependendo do repertório escolhido, haverá parâmetros estéticos e históricos para orientarem a interpretação. Mesmo na composição musical, há convenções que guiam o processo.

O compositor Gustav Mahler indicou a importância da manipulação de materiais no processo de criação musical a sua amiga Natalie Bauer-Lechner.

> O processo de composição é como uma brincadeira de blocos, na qual novos prédios são construídos constantemente usando os mesmos blocos. Na verdade, estes blocos estão ali prontos para serem usados, desde a infância, o único momento próprio para adquiri-los (KILLIAN, 1984, p. 138).[7]

---

[7] Herbert Killian, 138. Orginal: "Das Komponieren is wie ein Spielen mit Bausteinen, wobei aus denselben Steinen immer ein neues Gebäude entsteht. Die Steine aber liegen von der Jugend an, die allein zum Sammeln und aufnehmen bestimmt ist, alle schon fix und fertig da".

Observe que Mahler indica a infância como "único momento próprio" para adquirir os blocos da criação musical. Isso implica que a educação musical precisa contemplar uma ampla variedade de modelos e possibilidades abertas, se realmente desejamos ampliar as possibilidades de escolha de nossos alunos.

Além disso, temos propostas e experiências que servem de norte na implementação de um processo educacional de música e criatividade. Os autores PAYNTER e ASTON (1970), SAITTA (1978), MOORE (1990) e SCHAFER (1991), e os programas propostos nos currículos *Manhattanville* THOMAS (1970), *Wisconsin*, PONTIUS (1986) e *Curriculum and Standards Framework* (VITORIA/AUSTRALIA, 1995) apresentam inúmeras maneiras para a inclusão de elementos de criatividade nos processos educacionais envolvendo música.

Em síntese as propostas reservam espaço para decisão individual do aluno, estimulando a imaginação, a organização e a representação sonora. Comumente são instituídas atividades de curtas improvisações no contexto de *performance* de grupo, criação de acompanhamentos para melodias, representação sonora de imagens, organização de ritmos dentro de parâmetros e tempo pré-estabelecidos.

Em um primeiro momento as alternativas apresentadas servem como meio de educação musical, mas também podem ser desenvolvidas a tal ponto de se tornarem um fim artístico em si mesmas.

Criatividade no Canto Coral

A criatividade no canto coral é um conceito rico e multifacetado que se revela de diversas maneiras, abrangendo desde a interpretação musical até a composição e a prática pedagógica. Essa criatividade se traduz na habilidade dos cantores e do maestro de inovar e expressar emoções por meio da música.

Um dos aspectos mais fascinantes da criatividade no canto coral é a maneira como ela permite aos intérpretes trazerem suas experiências pessoais para a *performance*. Isso pode se manifestar em uma interpretação única de uma peça musical, onde cada cantor imprime sua própria emoção e vivência, resultando em uma apresentação que ressoa profundamente com o público. Além disso, a improvisação vocal é outra forma de expressão criativa que pode enriquecer a *performance*, permitindo que os cantores explorem novas sonoridades e estilos.

Outro elemento importante é a adaptação de arranjos musicais. Muitas vezes, os corais interpretam obras clássicas e contemporâneas, e a criatividade desempenha um papel fundamental na maneira como essas peças são apresentadas. O maestro tem um papel crucial nesse processo, pois pode incentivar os cantores a explorarem diferentes nuances vocais dentro do contexto coletivo. Ao criar um ambiente acolhedor e estimulante, o regente promove uma atmosfera onde os cantores se sentem à vontade para experimentar e expressar sua individualidade.

A criatividade também se manifesta na composição de novas músicas ou na criação de arranjos originais para canções existentes. Coros podem colaborar com compositores ou arranjadores para desenvolver peças que incorporam elementos únicos, como harmonias inovadoras ou ritmos variados. Essa colaboração não apenas enriquece o repertório do coral, mas também estimula a imaginação dos cantores.

No contexto educacional, especialmente em coros infantis, a criatividade é fundamental para engajar os pequenos cantores. Métodos pedagógicos que incorporam movimento corporal e atividades lúdicas podem facilitar o aprendizado musical e estimular a expressão criativa das crianças. Mas não somente com crianças. O uso de metodologias ativas no canto coral é importante também no trabalho com jovens e adultos.

O canto coral é essencialmente uma atividade colaborativa, onde cada voz contribui para um todo harmônico. A criatividade coletiva surge quando os membros do coral trabalham juntos para criar algo maior do que suas partes individuais. Isso envolve escuta ativa, troca de ideias e experimentação com diferentes sonoridades e estilos.

Incorporar a criatividade nas práticas corais não só enriquece as performances musicais, mas também traz benefícios emocionais e sociais aos participantes. A liberdade criativa pode aumentar a confiança dos cantores, promover um senso de pertencimento e fortalecer laços sociais dentro do grupo.

A criatividade no canto coral é uma força vital que impulsiona tanto as interpretações musicais quanto as experiências educacionais, permitindo que os cantores expressem sua individualidade enquanto colaboram em harmonia com outros.

ALGUNS PENSAMENTOS SOBRE INCLUSÃO SOCIAL E CULTURAL

Inclusão social basicamente significa que ninguém deve ser discriminado por causa de suas diferenças sociais, econômicas, psíquicas, físicas, culturais, religiosas, raciais e ideológicas. Este assunto ganhou projeção nacional a partir do governo do presidente Luís Inácio Lula da Silva com o lema "Brasil um país de todos" e o lançamento do *Programa Ética e Cidadania*.

Enquanto é importante não haver discriminação em nenhuma circunstância, há diferenças que não devem ser valorizadas ou enfatizadas. Por exemplo, não podemos valorizar as diferenças sociais e econômicas. Essas, juntamente com as diferenças culturais, devem ser minimizadas para que todos realmente possam ter as mesmas oportunidades de vida.

Sendo assim, acredito firmemente que inclusão social envolve acesso. Mas qual é a relação entre inclusão social, cultura e música? Talvez seja justamente na questão de acesso. Podemos valorizar culturas e subculturas locais o quanto desejarmos, mas se não criarmos meios de movimentação e comunicação entre a diversidade de culturas não teremos uma ampla inclusão social e cultural.

A música é um forte fator de identidade social e cultural. Isso está presente de maneira particular naquilo que é chamado de "neotribalismo", que afeta especialmente os adolescentes (MAFFESOLI, 1998; MAFFESOLI, 2007; FEIXA-PAMPOLS, 2004; SOUTO, 2013; MARCON e BORTOLAZZO, 2013). Um determinado repertório, estilo ou gênero musical pode servir tanto como fator que aproxima pessoas que criam e aceitam uma determinada identidade social, quanto também pode fazer com que um jovem ou adolescente adote este determinado repertório, estilo ou gênero musical para que possa ser aceito por uma determinada "tribo", assumindo, inclusive, um estilo de vida e valores associados à "tribo".

O acesso aos bens culturais afeta o nosso gosto. E de maneira bem específica estamos tratando do nível de acesso à educação e cultura (SEREN, 2011, p. 57-58). Uma pesquisa realizada pelo Ibope revelou quais são os estilos musicais mais ouvidos no rádio. No Brasil o estudo constatou que o estilo musical mais popular é o sertanejo, a princípio nenhuma novidade nesta informação. No entanto, a pesquisa mostrou que os estilos gospel e funk são mais ouvidos pelas classes sociais C, D e E, demonstrando que há uma relação entre gosto musical e classe social, o que implica em acesso à educação e cultura. O estudo aponta que 38% dos que ouvem funk também ouvem música gospel, enquanto dos ouvintes de música gospel, apenas 22% ouvem funk. "Para 43% dos funkeiros, diz a pesquisa, o presente é o mais importante, não se planejando tanto para o futuro" (Folha de S. Paulo, 2013). Não vou dar ênfase à curiosa relação de gosto musical revelada pela pesquisa entre os estilos gospel e funk, mas destacar como o acesso ao bem cultural pode determinar não só o gosto, mas um modo de vida. Considere garotas adolescentes que gostam de funk. Em grande parte o funk trata a mulher como um objeto de prazer sexual do homem, um "objeto". Por que as adolescentes consumiriam este tipo de música e aceitariam tal tratamento desumanizante? A antropóloga britânica Mary Douglas, autora do livro *O Mundo dos Bens* (1990), afirma que "o consumo é nada mais que um ritual, pois pode fixar significados. [...] os rituais têm o papel de perpetuar as condutas sociais por um determinado tempo ou, pelo menos, trazer estabilidade e permanência a elas" (SEREN, 2011, p. 56). Se é possível controlar o acesso das pessoas aos bens culturais, é possível controlar seu gosto musical e também em grande parte moldar seu comportamento. "Deixem-me escrever as canções de uma nação, e não me importarei com quem escreve suas leis"[8]—Daniel O'Connell, nacionalista irlandês (1775-1847).

---

[8] "Let me write the songs of a nation, and I care not who makes its laws". Esta citação tem sido atribuída a diferentes autores, como, por exemplo, Andrew Fletcher (1655-1716), ativista político escocês. Independente de quem disse esta frase, ela revela um interessante insight sobre a capacidade da música em influenciar o comportamento humano.

Considerando que a educação deve ampliar a liberdade e as opções de escolha do cidadão não podemos deixar de viver isto em nossa prática musical. Estamos em uma sociedade na qual "a padronização dos modos de vida, de produção, de consumo e de midiatização ameaça recobrir toda diversidade cultural [...] a ponto de sepultá-la" (JULLIEN, 2009, p. 11).

A música midiática se apoia em grande parte em seu intérprete que representa um ídolo a ser seguido e copiado em seu figurino, comportamento e opiniões.

> Trata-se naturalmente do astro, que surge dotado de propriedades carismáticas e cujos comportamentos de vida, tornando-se modelo de ação para as massas, podem modificar profundamente o senso dos valores e as decisões éticas da multidão que com eles se identifica (ECO, 1993, p. 356).

No caso da massificação musical/cultural, é fundamental desenvolvermos a postura de análise crítica e não aceitarmos a postura de consumo passivo. Este é um papel preponderante da educação musical. Isto envolve uma prática inteligente e amadurecida. Não estou defendendo de maneira alguma uma "alta cultura" em detrimento de uma "baixa cultura", ou mesmo de uma música "erudita" versus uma música "popular". Defendo veementemente uma interação humana mais inteligente, informada e, consequentemente, mais profunda com a arte musical.

A preocupação com a acessibilidade à música concedida pelas gravações, e por extensão com a mídia como um todo, não é algo novo. O compositor britânico Benjamin Britten já expressava certa preocupação com isso. Britten ponderou que gravações nos dão a possibilidade de escutar praticamente qualquer música sem nenhum preparo para tal ou totalmente fora de seu contexto. Há neste caso uma limitação de nossa capacidade de compreensão/apreciação musical, já que a escuta musical fica focada quase que exclusivamente no impacto sensorial dos sons (KILDEA, 2003, p.

259-260). Esta acessibilidade que se tornou o veículo de massificação musical a partir do século 20 traz preocupação a alguns educadores musicais que a colocam como uma das principais justificativas da educação musical:

> É esta fácil acessibilidade da música que tem tornado imperativo que uma orientação educacional seja dada aos jovens para ajudá-los na formulação de um julgamento com relação ao uso e qualidade da música. A música serve muitas funções e é somente através da educação que uma perspectiva pode ser desenvolvida para capacitar-nos a avaliar a música que ouvimos dentro de uma variedade de situações e condições[9] (ABELES, 1984, p. 95).

Vamos ainda considerar outro aspecto da inclusão social/ cultural, o diálogo entre culturas. A compreensão do outro é fundamental para que possamos nos comunicar de maneira mais efetiva. Costumo dizer aos meus alunos que o diálogo entre culturas acontece em uma via de acessibilidade de mão dupla que promove um sentido mais amplo de inclusão. Tanto o jovem que "curte" funk precisa ter acesso e compreender outros universos musicais como aqueles que se julgam superiores em seu gosto musical precisam obter uma compreensão das várias manifestações na sociedade, incluindo, de maneira especial, a chamada música de periferia. Mas ambos precisam entender melhor do que gostam e por que gostam do que gostam, além de terem seus repertórios ampliados. Afinal de contas, a educação deve expandir as possibilidades de escolha de cada cidadão.

---

[9] Original: "It is this accessibility that has made it imperative that educational guidance be given the young to assist them in formulating judgements regarding the use and quality of music".

UNIDADE 2
Primeiras notas ensaiadas

COMO COMEÇAR UM CORAL

Existem diferentes tipos de coral que podem ser classificados por faixa etária, objetivos e tipo de repertório. Sendo assim, o primeiro passo para se começar um coral é determinar o tipo de coral desejado. Veja no quadro abaixo a descrição de alguns tipos de coral:

Quadro 1 – Coros de igreja

Repertório	Hinos e canções em vozes e uníssono de acordo com a teologia da denominação.
Faixa etária	Infantil, adolescente, jovem e adulto. Dependendo da situação é possível ter todas as faixas etárias no mesmo grupo.
Teste	Normalmente é apenas para classificar as vozes, não sendo eliminatório.
Método de aprendizado	De ouvido; com kits de ensaio; com partitura.
Uso de partitura	Usa-se partitura ou apenas a letra. Todos são bem-vindos para cantar!
Experiência prévia de canto	Não é necessária.
Divisão em vozes	Depende tanto da experiência quanto da faixa etária do grupo de cantores.
Objetivo	Participar da liturgia do culto. Não tem propósito artístico primário.

Quadro 2 – Coros de empresas

Repertório	Primariamente música popular e folclórica.
Faixa etária	Adultos, a partir dos 18 anos.
Teste	Normalmente é apenas para classificar as vozes, não sendo eliminatório.
Método de aprendizado	De ouvido; com kits de ensaio; com partitura.
Uso de partitura	Usa-se partitura ou apenas a letra.
Experiência prévia de canto	Não é necessária.
Divisão em vozes	Depende tanto da experiência quanto da faixa etária do grupo de cantores.
Objetivo	Qualidade de vida dos funcionários. É uma espécie de arteterapia. Isso não significa que excelentes resultados artísticos não possam ser alcançados.

Quadro 3 – Coros de escolas

Repertório	Canções folclóricas nacionais e internacionais, música popular, canções pátrias, canções temáticas e repertório erudito.
Faixa etária	Infantil e adolescente.
Teste	Normalmente é apenas para classificar as vozes, não sendo eliminatório. No entanto, é possível ter corais selecionados em escolas.
Método de aprendizado	"De ouvido"; com manossolfa; com partitura.
Uso de partitura	Usa-se partitura ou apenas a letra.
Experiência prévia de canto	Não é necessária.
Divisão em vozes	Depende tanto da experiência quanto da faixa etária do grupo de cantores.
Objetivo	Educacional, tanto em termos de música como usando a música de forma interdisciplinar.

Quadro 4 – Coros universitários

Repertório	Repertório variado, incluindo canções folclóricas, música popular e erudita de todas as épocas.
Faixa etária	Jovens e adultos estudantes/funcionários de uma faculdade ou universidade.
Teste	Indispensável. Utilizado para classificar e eliminar vozes. Exige-se solfejo e percepção.
Método de aprendizado	Com partitura.
Uso de partitura	Usa-se partitura. O ritmo de aprendizado de repertório é intenso.
Experiência prévia de canto	Necessária.
Divisão em vozes	Sempre. Normalmente SATB, com divisões internas nos naipes.
Objetivo	Artístico e educacional. A busca pela excelência artística leva a um grande desenvolvimento vocal e musical.

Os quadros acima descrevem apenas algumas das possibilidades básicas de tipos de coral. Podemos ter várias combinações diferentes. Coros de gênero, masculino ou feminino, podem acontecer em qualquer situação. O tamanho do coral pode variar de poucos cantores até mais de uma centena. Em um coral misto pode haver grande desequilíbrio no número de cantores de cada naipe. Muitos corais de igreja e escola acabam se especializando em um tipo de repertório que está em voga. Há os corais profissionais e sinfônicos, os corais de grupos da terceira idade, corais cênicos e assim por diante. Inúmeras são as possibilidades.

Independente de qualquer coisa, participar em um coral deve ser algo significativo para o cantor. Acima de tudo, cantamos porque é divertido e gostamos de nos sentir acolhidos e aceitos em um grupo social. Devemos lembrar que em toda e qualquer situação o coral é um excelente espaço para o desenvolvimento humano em todas as suas dimensões.

PASSOS PARA COMEÇAR UM CORAL VOLUNTÁRIO

Decida o tipo e objetivo do coral

Começar um coral voluntário pode parecer uma tarefa simples, mas é essencial ter clareza sobre o tipo de coral que você deseja formar e qual será o objetivo principal do grupo. Isso porque, sem um planejamento adequado, é muito fácil cair na frustração. Uma boa ideia que não é bem executada pode desmotivar os envolvidos, enquanto uma ideia mal formulada pode resultar em desgaste, mesmo que haja grande empenho de todos os participantes. Por isso, alinhar expectativas e realidade é um dos primeiros e mais importantes passos para garantir o sucesso do coral.

A sintonia entre o regente e os cantores é crucial. O regente pode ser um profissional extremamente habilidoso, com experiência em tirar o melhor de grupos voluntários em pouco tempo. Entretanto, é preciso ter clareza sobre o tipo de coral que está sendo criado. Não adianta, por exemplo, tentar transformar um coral comunitário, formado por amadores com pouco tempo disponível, em um coro profissional de alta exigência técnica. Da mesma forma, seria inadequado tentar transformar um coral de igreja, cujo principal objetivo pode ser a participação em missas ou celebrações religiosas, em um coral voltado exclusivamente para concertos com repertório complexo, solistas e orquestra. Imagine um coral empresarial, cujo propósito é promover integração entre os funcionários e oferecer uma atividade cultural no ambiente de trabalho, sendo obrigado a executar peças de alta complexidade e raramente tendo a oportunidade de tocar com músicos profissionais. Nesses casos, o conflito entre o propósito inicial do coral e o que está efetivamente sendo implementado pode gerar desmotivação e dificuldades no engajamento dos cantores. Por isso, ao iniciar um coral, é fundamental definir claramente o seu propósito. Pergunte-se: qual é o objetivo central do coral? Ser um espaço de aprendizado musical? Integrar a comunidade ou a empresa? Oferecer uma vivência artística de alta qualidade? Essa resposta vai guiar todo o desenvolvimento do projeto.

Uma das principais decisões a ser tomada é sobre a abertura do coral à participação de todos ou se haverá algum tipo de processo seletivo. Essa escolha impacta diretamente em diversos outros aspectos da formação e da gestão do coral, incluindo o repertório, a forma de recrutamento dos cantores e, principalmente, a maneira como o regente irá interagir com os participantes.

Se o coral for aberto a todos, independentemente do nível de experiência ou habilidade vocal, o regente precisará adotar uma abordagem inclusiva, com paciência para trabalhar com cantores de diferentes níveis. O repertório, nesse caso, precisará ser acessível, para que o grupo tenha condições de alcançar um bom resultado mesmo sem um nível técnico avançado. Além disso, a preparação e os ensaios precisarão ser cuidadosamente planejados para garantir que todos se sintam valorizados e que possam evoluir ao longo do tempo, sem que se sintam sobrecarregados ou desestimulados.

Por outro lado, se o coral tiver um processo seletivo, o regente pode escolher repertórios mais desafiadores e avançar em direção a um trabalho mais técnico. Isso permite um nível de exigência maior, com foco em qualidade musical e na busca de um resultado artístico mais apurado. Nesse modelo, os cantores sabem desde o início que estão participando de um projeto que demanda um maior comprometimento e dedicação, tanto em termos de tempo quanto de preparação individual. Essa seleção também ajuda a evitar frustrações futuras, já que os participantes entram com uma compreensão clara das expectativas e do nível de empenho exigido.

Trabalhe em equipe e com apoio

Este é um ponto muito importante. Não tente fazer tudo sozinho! Crie uma pequena diretoria do coral para atuar na administração do grupo. Se você está criando um grupo ligado a uma instituição, é fundamental ter apoio e respaldo da mesma. Se você vai começar um coral de igreja, o pastor da igreja precisa apoiar o projeto, da mesma forma na escola, empresa ou qualquer outra instituição.

Sugestão de diretoria e funções:

- Diretor: o administrador do grupo, relações públicas, divulgação
- Vice-diretor: figurino, decorações
- Secretário: chamada, relatórios de apresentações, distribuição de partituras
- Tesoureiro: cuida do dinheiro, vendas, ingressos etc.
- Líderes de naipes: auxiliam em ensaios de vozes separadas (MICHELSON, 1994, p. 30)

Prepare um pequeno regimento em conjunto com a diretoria do coral. O material deve ser bem divulgado a todos os componentes. Coloque neste regimento as regras básicas sobre presença e ausência, tanto a ensaios quanto a apresentações.

Escolha um pianista

Este é um grande desafio, pois pianistas são uma "raça em extinção"! Especialmente pianistas que saibam acompanhar um coral de maneira adequada. Muitas vezes é melhor trabalhar com um pianista menos talentoso, mas interessado em aprender e trabalhar em equipe a um pianista de excelentes habilidades técnicas e de leitura, mas que acaba dando mais trabalho do que contribuindo para o bom funcionamento do coral. Em alguns momentos o pianista pode achar que sabe mais que o regente e passa então a dar opiniões sobre o ensaio. Situação que pode até ser verdadeira, mas é fundamental respeitar uma hierarquia de liderança. Estabeleça um relacionamento respeitoso entre você e seu pianista. Faça com que o pianista seja seu aliado e não seu adversário. Dê as partituras com antecedência para o instrumentista estudar. Cobre esse estudo! Se necessário, faça um breve ensaio com o pianista antes de introduzir uma peça nova ao coral. Se de tudo for muito difícil conseguir um pianista, lembre-se de que existe muita música *a cappella*. Sim, é possível fazer um coral totalmente *a cappella*.

Selecione os cantores

Após decidir o tipo de coral e se haverá um processo seletivo, é hora de pensar na estratégia de recrutamento. Se o coral for comunitário, de igreja ou empresarial, pode-se começar convidando pessoas que já têm algum tipo de envolvimento com o local ou a organização. Se for aberto à comunidade em geral, é importante pensar em maneiras de atrair pessoas interessadas, como divulgações em redes sociais, panfletos ou até apresentações públicas para captar a atenção de novos membros. Cartazes e anúncios são importantes, mas o contato pessoal continua sendo a melhor maneira de conseguir participantes para um coral. Mesmo que você esteja começando, nunca diga "não precisa de experiência". A atitude pode gerar situações improdutivas, pois ninguém quer fazer parte de um coral composto por pessoas que nunca cantaram antes, o que pode soar mal. Dependendo da situação, é melhor começar com uma classe de música. Algo como uma aula de musicalização. Uma excelente maneira de atrair cantores para um coral voluntário é oferecer um "aperitivo" do trabalho. Faça sessões abertas, oficinas, para que as pessoas possam experimentar o que vai ser o coral.

A comunicação clara sobre os objetivos do coral e o tipo de repertório que será trabalhado é fundamental para atrair o público certo. Se o coral vai focar em repertório popular, sacro, erudito ou uma mistura de estilos, isso precisa estar explícito desde o começo.

Assim, quem tiver interesse em participar já saberá o que esperar e poderá decidir com mais segurança se aquele coral atende às suas expectativas pessoais.

Se a situação permite, o melhor é escolher pessoas que trabalhem bem em grupo. Evite bons cantores que dizem que estão ocupados demais para vir aos ensaios, mas que sempre marcam presença nas apresentações. O sentido de grupo deve prevalecer sobre o espírito individualista e de "estrela". O trabalho em equipe deve ser o destaque. O maior jogador de basquete de todos os tempos, Michael Jordan, disse: "O talento de um supercraque é capaz de ganhar jogos, mas os campeonatos são conquistados pela equipe" (LOWE, 2001, p. 37). Traduzindo para a música, o talento de um cantor pode ser útil em algumas peças, mas o sucesso do coral depende do trabalho em equipe.

Cuide para não criar expectativas irreais ou promessas das quais você pode se arrepender depois (MICHELSON, 1994, p. 13). Não diga, por exemplo, "venha cantar no coral e viaje para a Disney!", sendo essa uma possibilidade inexistente. Afinal de contas, você quer cantores ou turistas?

Escolha e prepare o repertório

A escolha do repertório é um dos pontos mais importantes na construção de um coral voluntário. Ela deve estar alinhada com o tipo de coral e o nível dos cantores. Para corais abertos, o repertório deve ser acessível, mas isso não significa que precisa ser simples ou sem desafios. O regente pode optar por arranjos interessantes que desafiem os cantores sem sobrecarregá-los, promovendo um crescimento musical gradual. Por outro lado, corais seletivos podem se aventurar em obras mais complexas, que exijam maior habilidade técnica e musical dos participantes. É importante desenvolver uma sintonia entre os interesses do regente e os interesses dos membros do coral. Um repertório variado pode manter a motivação dos cantores e atrair um público diverso para as apresentações.

O repertório também precisa considerar os gostos e expectativas dos cantores. Em corais comunitários ou empresariais, é importante que os participantes se sintam conectados com as músicas escolhidas. Isso pode ser feito por meio de consultas ou até votações, onde os cantores ajudem a escolher parte do repertório, criando um maior engajamento.

Escolha uma primeira música para ensaiar que seja acessível e que agrade aos cantores. Coloque o foco do seu trabalho na beleza da interpretação do coral. É melhor fazer peças fáceis muito bem feitas do que peças mais difíceis não tão bem realizadas. Nesse ponto você está estabelecendo uma relação de trabalho que precisa de muita confiança. Logo marque a data da primeira apresentação. Nenhum cantor vai querer ficar ensaiando, ensaiando e ensaiando sem um objetivo claro e alcançável. Uma vez que foi desenvolvido confiança no trabalho do coral, pode-se então explorar um repertório mais complexo.

É muito importante que você se prepare adequadamente para cada ensaio, mas especialmente para os primeiros ensaios. Jamais vá ao ensaio aprender a música juntamente com o seu coral. Você é o professor! Faça o seu dever de casa e conheça cada voz da peça, inclusive o acompanhamento, se houver.

Independente da sua capacidade técnica, sempre recomendo a qualquer coral que trabalhe três níveis de repertório: 1. um repertório acessível que possa ser aprendido rapidamente; 2. um repertório de nível médio que exija alguns ensaios para ficar pronto; 3. um repertório desafio que vai levar mais tempo para ficar pronto. Essa "dieta" de repertórios ajuda a manter todos os cantores interessados. Normalmente corais têm cantores muito heterogêneos quando consideramos a capacidade de aprendizado e *performance*. Assim, se você só fizer repertório bem simples, mesmo que bem produzido, os cantores que aprendem mais facilmente poderão perder a motivação. O repertório desafio pode tanto ser uma peça mais difícil, quanto um grupo de peças para um recital, cantata, musical ou obra de longa duração.

Incentive, encoraje e cresça sempre

Saiba reconhecer o progresso e esforço de seu coral. Seja honesto em suas observações. Não diga que ficou excelente se for um parecer enganoso. Essa incoerência acaba destruindo a confiança que os seus cantores têm em você, ainda mais se, na sequência do elogio, você pedir alguma melhora. Os coristas pensam: "o regente disse que estava ótimo, mas agora está dizendo que precisa melhorar. Ele está tentando nos enganar!". É preferível usar elogios comedidos que reforçam de maneira positiva o bom trabalho e progresso do coral. Um grande amigo meu, o maestro Carlos Alberto Figueiredo, diz que coral é uma plantinha dessas que precisam de um pouquinho de tudo, mas nada em excesso. Um pouco de carinho e conversa, um pouco de água e um pouco de sol. Em outras palavras, o coral é um "ser vivo" que precisa ser "alimentado" em todas as suas dimensões.

Esse processo de nutrição tem o propósito de manter o coral em constante crescimento. Estudos de comportamento humano apontam que há basicamente dois tipos de mentalidade. Uma fixa, na qual o fazer musical é visto como um talento nato, e, a outra, uma mentalidade de crescimento, na qual há sempre a possibilidade de aprendizado, especialmente com experiências de insucesso. Naturalmente queremos desenvolver em nossos grupos corais a mentalidade de crescimento (DWECK, 2017). O trabalho coral deve ser permeado por uma atitude de descoberta e jamais deve ser caracterizado como uma rotina maçante. Talvez você, o regente, necessite mudar a sua mentalidade antes de cultivar uma mentalidade de crescimento com o seu coral. Tenho observado através dos muitos anos ensinando regência, que um dos grandes desafios para o jovem regente é saber lidar com críticas e elogios. Muitos regentes são simplesmente destruídos quando uma apresentação não vai tão bem quanto esperado, e outros tantos passam a se acharem verdadeiros deuses de perfeição quando são elogiados. Isto se dá em decorrência da mentalidade fixa, na qual não há espaço para um constante aprendizado. Quando Gustavo Kuerten, o maior tenista brasileiro de todos os tempos, estava no auge da carreira e enfrentando uma fase de derrotas, Larri Passos, seu técnico, disse algo que naquele momento me pareceu simplesmente chocante: "para ser um grande vencedor é necessário aprender a perder". Essa frase ficou em minha mente por muitos anos, até que compreendi a importância de desenvolver resiliência para enfrentar as adversidades. É somente assim que podemos estabelecer estratégias para superar nossos maiores obstáculos, sejam estes no crescimento de nosso trabalho coral ou no campo pessoal.

É importante lembrar que o coral é um grupo social, e que para grupos amadores este é um dos principais motivos para se integrar. Promova eventos sociais de forma periódica. Pode ser uma festinha depois de um ensaio ou apresentação, um piquenique, parabenizar os aniversariantes do mês... seja criativo!

Também deve haver reconhecimento público por parte da instituição que abriga o coral. Se é um coral de igreja, o pastor precisa reconhecer do púlpito a relevância da participação do grupo nos cultos, por exemplo. Esse reconhecimento público é muito importante para a autoestima do coral.

Prepare/organize continuamente

Manter uma organização contínua é essencial para garantir o sucesso de qualquer trabalho com coros. Um dos primeiros passos é estabelecer um calendário semestral ou anual, que inclua tanto os ensaios regulares quanto as apresentações planejadas. Isso ajuda não apenas no planejamento interno, mas também na comunicação com os cantores, que terão clareza sobre o que esperar ao longo do período e poderão se organizar melhor. Além disso, um calendário bem estruturado cria um senso de comprometimento entre os participantes.

O planejamento dos ensaios deve ser minucioso e cuidadosamente elaborado, levando em consideração o grau de dificuldade do repertório escolhido e as habilidades técnicas do coral.

Por exemplo, se o repertório incluir peças mais desafiadoras, que exigem maior controle vocal, entendimento de harmonia ou precisão rítmica, é necessário planejar o tempo suficiente para que essas dificuldades sejam trabalhadas de maneira eficiente. Um erro comum é subestimar o tempo necessário para superar os desafios de uma peça difícil, o que pode resultar em ensaios apressados e frustração tanto para o regente quanto para os cantores.

Essa análise do repertório versus a capacidade de aprendizado do coro permite prever eventuais dificuldades e, se necessário, agendar ensaios extras com antecedência. Ensaios adicionais podem ser uma solução valiosa, mas devem ser planejados de forma que não sobrecarreguem os cantores, especialmente em coros voluntários, onde os participantes equilibram sua participação com outras responsabilidades pessoais e profissionais.

Para coros em que a maioria dos cantores não possui conhecimento de leitura musical, uma excelente prática é providenciar kits de ensaio. Esses kits podem incluir gravações das partes individuais, partituras simplificadas ou até mesmo arquivos de áudio e vídeo com instruções detalhadas sobre o repertório. Dessa forma, os cantores podem estudar no seu próprio ritmo, familiarizando-se com as melodias e harmonias antes dos ensaios em grupo. Isso tem um impacto muito positivo no rendimento dos ensaios, pois quando os cantores chegam mais preparados, o tempo pode ser dedicado a trabalhar aspectos mais refinados da *performance*, como articulação, dinâmica e interpretação musical, em vez de gastar muito tempo apenas aprendendo as notas.

Os momentos de aquecimento também são uma parte crucial da preparação de um ensaio eficaz. Um aquecimento bem organizado não só prepara a voz dos cantores, mas também os ajuda a entrar mentalmente no clima do ensaio. O aquecimento vocal deve ser visto como uma preparação tanto física quanto psicológica, garantindo que os cantores estejam focados e prontos para trabalhar. A duração ideal de um aquecimento é de cerca de 10 a 15 minutos, mas é importante que esse tempo seja bem aproveitado, com exercícios vocais que atendam às necessidades específicas do repertório que será ensaiado.

Os exercícios de aquecimento podem incluir desde vocalizes simples, que ajudam a "despertar" a voz, até exercícios mais específicos, como trabalho de ressonância, controle de fôlego e articulação, dependendo das demandas do repertório. Além disso, é recomendável incluir exercícios que ajudem a relaxar a musculatura envolvida no canto, especialmente o pescoço e os ombros, que podem acumular tensão durante os ensaios. Quando o aquecimento é bem conduzido, ele pode economizar muito tempo no decorrer do ensaio, pois os cantores já estarão tecnicamente prontos para trabalhar com mais eficiência.

É importante nunca pensar que o tempo gasto com aquecimento está roubando tempo do ensaio. Na verdade, aquecer a voz adequadamente pode prevenir problemas como cansaço vocal precoce e tensões desnecessárias, que poderiam atrapalhar o andamento do ensaio. Além disso, o aquecimento ajuda a criar um momento de transição entre o cotidiano dos cantores e o ambiente de ensaio, permitindo que eles se desliguem de outras preocupações e se concentrem na música. Para obter o máximo benefício, o regente pode variar os exercícios de aquecimento de acordo com o foco do ensaio, por exemplo, incluindo exercícios que trabalhem com as mesmas características vocais exigidas pelas peças a serem ensaiadas naquele dia.

Vale lembrar que a organização e o planejamento contínuos não terminam no ensaio. É importante que o regente também se prepare pessoalmente, estudando as partituras e antecipando possíveis dificuldades antes dos ensaios. Um regente bem preparado transmite segurança ao grupo, o que contribui para uma atmosfera de confiança e produtividade. Além disso, o planejamento contínuo permite que o regente ajuste os ensaios conforme necessário, de modo a garantir que o coral atinja seus objetivos artísticos sem sobrecarregar os cantores. Dessa forma, o regente pode adaptar o calendário, marcar ensaios extras e ajustar o repertório conforme o desenvolvimento do coral.

Seja criativo

A criatividade é uma das maiores aliadas no trabalho com coros. Além dos ensaios e apresentações regulares, planejar atividades especiais pode trazer uma nova energia ao grupo, estimular o aprendizado e fortalecer o espírito de comunidade entre os cantores. Ao diversificar as atividades e criar oportunidades para experiências musicais únicas, você não só amplia os horizontes musicais do coral, como também mantém o entusiasmo e o engajamento dos participantes.

Uma ótima maneira de promover essa diversidade é organizar uma "troca" de apresentações com outro grupo coral. Essa experiência pode ser extremamente enriquecedora para os cantores, que terão a oportunidade de aprender com outros estilos e abordagens musicais, além de se inspirarem ao verem como outros grupos trabalham. Essa troca não precisa ser limitada ao repertório – pode incluir conversas e discussões sobre técnica vocal, regência ou simplesmente sobre as experiências de cada grupo. Esse tipo de interação gera conexões valiosas e promove um sentimento de comunidade no universo coral.

Outra excelente ideia é realizar apresentações conjuntas com outro coral. Cantar com outro grupo pode ser uma experiência desafiadora, mas também muito gratificante. A fusão de vozes e estilos diferentes resulta em um som único e impressionante, que enriquece a vivência musical dos cantores. Além disso, a experiência de adaptar-se à dinâmica de outro grupo coral e de um outro regente estimula a flexibilidade e o crescimento técnico. A colaboração entre coros pode se estender a ensaios conjuntos, em que os grupos têm a chance de aprender uns com os outros em um ambiente mais informal antes da apresentação final.

Participar de festivais corais é outra maneira poderosa de ampliar os horizontes do grupo. Esses eventos não apenas oferecem uma plataforma para que o coral mostre seu trabalho, mas também permitem que os cantores conheçam coros de diferentes regiões e estilos. A troca de experiências e o contato com outras realidades musicais podem ser extremamente motivadores para os participantes. Além disso, festivais geralmente oferecem oficinas, master classes e palestras com especialistas, proporcionando uma rica oportunidade de aprendizado.

Levar o coral para assistir a uma apresentação de um grupo profissional ou de excelência é uma outra estratégia que pode ter um impacto significativo. Ver e ouvir um coral de alto nível em ação serve como inspiração para os cantores, mostrando o que é possível alcançar com dedicação e técnica refinada. Essa experiência pode gerar uma nova motivação no grupo, incentivando os cantores a se esforçarem ainda mais em busca de qualidade vocal e interpretativa. Além disso, assistir a *performances* ao vivo permite que os cantores prestem atenção a aspectos que podem não ser tão evidentes em ensaios, como postura, expressão corporal e interpretação cênica, que são elementos essenciais para uma boa *performance*.

Outra atividade especial que pode ser de grande benefício para o coral é convidar um bom professor de canto para ministrar uma aula especial em grupo. Essa prática proporciona aos cantores a oportunidade de aprimorar suas habilidades técnicas e vocais com um especialista. Um professor externo pode trazer uma nova perspectiva sobre o trabalho vocal, além de abordar questões específicas como controle respiratório, afinação, projeção vocal, entre outros. Essa aula pode servir como um momento de crescimento tanto individual quanto coletivo, pois as dicas e orientações dadas ao grupo podem ser aplicadas durante os ensaios e apresentações. Além disso, o contato com diferentes profissionais da área vocal diversifica o aprendizado e pode até abrir portas para colaborações futuras.

Mais do que organizar atividades e garantir o desenvolvimento técnico do coral, é importante nunca esquecer a verdadeira essência da música: seu poder espiritual e transformador. A música é um dom que transcende o material e o técnico, alcançando dimensões emocionais, espirituais e sociais. Quando você trabalha com um coral, está criando uma ponte entre as pessoas, compartilhando emoções e histórias por meio das vozes. Compartilhar esse dom com o mundo deve ser feito com muito amor, carinho e dedicação. Cada nota cantada, cada melodia entoada, é uma oportunidade de tocar vidas, tanto dos cantores quanto do público.

O trabalho coral, acima de tudo, é feito com pessoas e para pessoas. Jamais perca isso de vista. Cada cantor traz consigo sua própria experiência, sua história e suas emoções, e todas essas características se refletem no canto coletivo. A música coral é uma expressão de comunidade, de união de vozes e de corações em prol de um objetivo comum: criar beleza e transmitir sentimentos através da arte. Ao promover um ambiente acolhedor e criativo, o regente tem o papel não apenas de ensinar música, mas de fortalecer os laços humanos que sustentam o coral. A música, nesse contexto, torna-se um canal para o desenvolvimento humano e emocional, criando conexões profundas entre as pessoas.

O principal objetivo de se fazer música em um coro não é apenas a busca pela perfeição técnica ou pelo reconhecimento artístico, mas sim o impacto que ela causa nas vidas das pessoas envolvidas – seja no cantor que supera um desafio pessoal ao cantar uma nota mais alta ou mais baixa do que está acostumado, seja no ouvinte que se emociona ao ouvir uma harmonia bem construída. A música, quando feita com dedicação e amor, tem o poder de transformar vidas, e isso é o que torna o trabalho coral tão especial e significativo.

Ser criativo no trabalho com coros significa buscar constantemente novas maneiras de engajar, motivar e inspirar o grupo. Ao diversificar as atividades, estimular a aprendizagem contínua e nunca perder de vista o valor humano da música, você estará promovendo não apenas o crescimento musical, mas também o desenvolvimento pessoal de todos os envolvidos. Afinal, o coro é mais do que um conjunto de vozes – é uma comunidade de pessoas que compartilham o mesmo amor pela música e que, juntas, podem criar algo verdadeiramente extraordinário.

CLASSIFICAÇÃO/SELEÇÃO DE VOZES

É muito importante conhecer as vozes com as quais você vai trabalhar. O teste de classificação de vozes existe para esse fim. É uma oportunidade para você explorar individualmente cada cantor. Ele não tem caráter eliminatório, apenas classificatório.

Já o teste de seleção de vozes tem um objetivo eliminatório, ou seja, escolher as melhores vozes/músicos. Esse tipo de teste deve ser usado somente em situações em que há ampla oportunidade de participação em corais para todos que desejam cantar. Seja qual for a situação, é recomendável ter um grande coral em que todos possam cantar e ao mesmo tempo possuir também um grupo coral seleto. Isso permite que todos possam participar e ter suas necessidades musicais supridas. O grande coral dá oportunidade para que todos cantem e o grupo seleto permite que as melhores vozes, os cantores que aprendem mais rapidamente, possam fazer um trabalho diferenciado.

Os testes de classificação e seleção de vozes não precisam diferir muito em seu conteúdo. Ambos têm o objetivo básico de fornecer informações sobre a extensão, qualidade e velocidade de aprendizado de cada voz. Naturalmente é necessário levar em consideração se o teste está sendo feito com vozes que já passaram pela mudança de voz ou não. É muito importante saber trabalhar com o menino que ainda não mudou de voz e continua cantando em uma região considerada de soprano ou contralto. Não se deve forçar a criança a cantar tenor nem, tampouco, baixo antes que seus hormônios determinem que chegou o momento da mudança! Trabalhe para que todos aceitem naturalmente a realidade de que meninos podem cantar soprano e contralto sem nenhum problema ou constrangimento.

Ideias sobre a voz em mudança

O som de um menino que ainda não mudou de voz é leve, transparente como o som de uma flauta. Os meninos devem ser encorajados a cantar com esta qualidade de som o quanto for possível. A extensão vocal destes meninos é muito parecida com a das meninas:

Figura 1

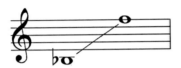

Há uma tendência para que meninos que mudam de voz lentamente se tornem tenores e meninos que mudam de voz rapidamente se tornem baixos e barítonos.

Irvin Cooper distingue a voz que está em processo de mudança, chamando-a de *cambiata* (plural: *cambiate*). Cooper indica a extensão da voz *cambiata* da seguinte forma:

Figura 2

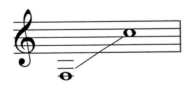

É comum que muitas vozes *cambiate* tenham uma extensão menor que essa. Cooper acredita que a *cambiata* muda gradualmente de voz e, na maioria dos casos, mudam para barítono entre os 14 e 15 anos de idade, obtendo a seguinte extensão:

Figura 3

É também entre os 14 e 16 anos que tenores e baixos começam a amadurecer e a serem identificados como tais (GARRETSON, 1993, p. 144 e 146).

Henry Leck, reconhecido maestro que se dedica ao trabalho com coros infanto-juvenis, apresenta a ideia da voz em "expansão" e não da voz em "mudança". Leck descobriu que se um menino cantar consistentemente de seu registro agudo para o grave e continuar cantando em sua voz antiga (aguda, sem mudança) enquanto desenvolve a nova voz, a quebra de voz eventualmente desaparece. Surge então um tipo de voz que não conhecemos em nossa cultura. Uma voz com extensão de 3 oitavas sem quebra (LECK, 2009, p. 49).

Vocalise com seus meninos do registro agudo para o grave na vogal "a". Gradativamente faça também o mesmo exercício do registro grave para o agudo. Isto ajudará a manter a flexibilidade da voz durante todo o processo de mudança de voz.

Figura 4

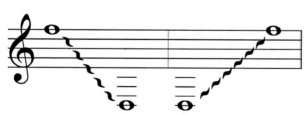

Procedimentos Básicos para Classificação de Vozes

1. Determine a extensão vocal do cantor

Use o seguinte exercício a partir do registro médio e subindo de meio em meio tom, ou de tom em tom para terminar a extensão aguda do cantor:

Figura 5

A escolha da vogal pode ser deixada a critério do cantor.

Se houver falta de apoio no exercício, peça para o cantor fazer o exercício em *staccato* em qualquer uma das vogais.

2. Use o seguinte exercício a partir do registro médio para explorar a extensão grave do cantor, descendo de meio em meio tom:

Figura 6

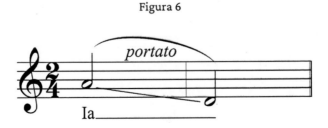

3. Peça que o "candidato" cante uma música simples *a cappella*. Isso servirá tanto para você avaliar vários aspectos da qualidade de sua voz quanto, por exemplo, para afinação/entonação, como também servirá para uma melhor avaliação da tessitura da voz. Precisamos lembrar que há uma diferença entre extensão vocal e tessitura vocal. Extensão se refere aos limites agudos e graves da voz, enquanto que tessitura está relacionada à região onde a voz tem seu melhor rendimento. Sendo assim, peça para o cantor cantar novamente a música simples *a cappela* em diferentes alturas. Verifique em que região esta voz tem seu melhor rendimento.

A extensão de vozes adultas é aproximadamente a seguinte:

Figura 7

A extensão de vozes infantis e juvenis é aproximadamente a seguinte:

Figura 8

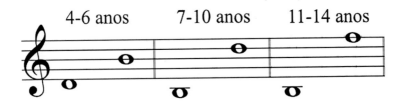

(BRASIL, 1978, p. 29)

4. O teste de voz deve incluir algum exercício de percepção musical para testar a habilidade do cantor em reter o que ouve (memória tonal). Você pode cantar ou tocar ao piano alguns intervalos e/ou desenhos melódicos e pedir que o cantor repita cantando.
5. Faça um breve teste de solfejo, se a situação permitir e se for proveitoso. Utilize uma sequência de exercícios progressivos, que comecem com graus conjuntos.

Quadro 5 – Descrevendo a qualidade das vozes

Tipo de voz	O que ouvimos	Fisiologia
Afônico	Sem som ou apenas um sussurro.	Incapacidade de colocar as dobras vocais em vibração por falta de pressão de ar apropriada ou problema muscular ou no tecido das dobras vocais.
Bifônico	Duas notas independentes.	Duas fontes de som (ex: pregas vocais verdadeiras e falsas ou pregas vocais e assovio).

Tipo de voz	O que ouvimos	Fisiologia
Aerada	Som de ar vazando.	Causado por turbulência na glote ou próximo da glote em decorrência de musculatura laríngea flácida.
Coberta	Som abafado ou "escurecido".	Lábios arredondados e protuberados ou laringe abaixada alterando as formantes.
Rangente	Soa como dois objetos ásperos raspando um contra o outro.	Sequência complexa de vibrações nas dobras vocais cria subharmônicos e modulações.
Palpitante/ Agitada	Muitas vezes comparada ao balido de uma ovelha.	Mudanças de amplitude ou modulações de frequência entre 8 e 12 Hz.
Glotal	Ruído de clique.	Adução ou abdução forçada das pregas vocais.
Rouca (áspera)	Som áspero.	Combinação de vibração irregular das pregas vocais e ruído glotal.
Nasal	Nasalidade excessiva.	Energia acústica excessiva no trato nasal.
Instável	Nota soa grosseira/áspera.	Frequência fundamental varia de ciclo para ciclo.
Apertada	Dura, estridente.	Processos vocais das cartilagens aritenoides são espremidos juntos, comprimindo a glote, o que causa baixo fluxo de ar e compressão medial das pregas vocais.
Pulsada (fry)	Voz soa como uma frigideira fritando.	Lacunas de som causadas por pacotes de energia intermitentes abaixo de 70 Hz e energia formante dissipando antes de re-excitação.

Tipo de voz	O que ouvimos	Fisiologia
Ressonante (projetante)	Som brilhante e/ou com projeção.	Ressonância epilaríngeal é aumentada, produzindo um forte pico espectral em 2.500-3.500 Hz; efetivamente, as formantes F3, F4 e F5 são agrupadas.
Áspera	Som irregular que parece ser temporariamente instável, mas que persiste a longo prazo.	Vibração das pregas vocais não é sincronizada.
Tremulante	Rachada com zumbido.	Variação de curta duração (ciclo a ciclo) na amplitude de um sinal.
Tensa/ cansada	Esforço aparente na voz, hiperfunção dos músculos do pescoço, é possível que toda laringe esteja tensa.	Esforço excessivo na região da laringe.
Fanhosa	Som cortante, brilhante.	Nasalidade excessiva, com provável causa epilaríngeal.
Ventricular	Muito áspera (tipo Louis Armstrong).	Fonação com as falsas dobras vocais ao invés das dobras vocais, é considerada uma disfonia.
Oscilante	Oscilação ou variação irregular do som.	Modulações de amplitude e/ou frequência no alcance de 1 a 3 Hz.

Fonte: Voice Quality, sd, sp

Fichas de anotação para testes

Use algum tipo de ficha/cartão para anotar as informações do teste vocal, além do contato de cada cantor. Veja a seguir alguns exemplos de ficha/cartão para testes de voz.

Figura 9 – Coro misto

[nome do coral e da instituição guarda-chuva]
Teste de Voz para Coro Misto

Nome: _____

Data nascimento: ___/___/___

Telefone/WhatsApp: _____ **e-mail:** _____

Experiência musical: _____

_____

_____

Voz que costuma cantar:

( ) Soprano   ( ) Contralto   ( ) Tenor   ( ) Baixo

para uso do maestro

- -

_____

_____

_____

_____

Voz: _____

Afinação: _____

Timbre: _____

Timbragem: _____

Ouvido: _____

Leitura: _____

Figura 10 – Ficha de teste para coral escolar

Teste de Voz

Nome_____ DN_____

Série escolar_____ Tipo de voz _____

Responsável_____

Contato_____

Qualidade_____ Extensão_____ Leitura_____

Experiência musical_____

1º. Teste2º. Teste3º. Teste

Data_____ _____

Nota_____ _____

É importante monitorar o desenvolvimento de seus cantores. Para isso sempre faça novas avaliações a cada ano ou semestre e guarde as anotações sobre cada cantor/aluno em um arquivo. Você vai ter uma alegre surpresa ao constatar o progresso de seus cantores.

TRABALHANDO COM CORAIS DE TERCEIRA IDADE

Trabalhar com corais de terceira idade apresenta uma oportunidade única de explorar a intersecção entre música, comunidade e saúde. À medida que as pessoas envelhecem, geralmente buscam caminhos para interação social, expressão emocional e engajamento cognitivo. Os corais fornecem um ambiente ideal para atingir essas metas, ao mesmo tempo em que promovem o bem-estar físico por meio do canto. Vamos explorar os benefícios de trabalhar com corais de idosos, os desafios enfrentados neste contexto e as melhores práticas para promover uma experiência positiva e enriquecedora para os participantes.

Benefícios de cantar em corais de terceira idade

1. Interação social

Uma das vantagens mais significativas de participar de um coral é o aspecto social que ele oferece. Para muitos idosos, a solidão pode ser um problema prevalente, pois eles podem perder amigos ou familiares ao longo do tempo. Participar de um coral permite que eles se conectem com outras pessoas que compartilham interesses e experiências semelhantes. Esse senso de comunidade promove amizades que podem durar a vida toda.

2. Bem-estar emocional

Sabemos que cantar tem efeitos terapêuticos na saúde mental. Pode reduzir sentimentos de depressão e ansiedade, ao mesmo tempo em que melhora o humor e a satisfação geral com a vida. O ato de cantar libera endorfinas, que elevam o humor naturalmente. Além disso, os corais costumam apresentar músicas edificantes que podem evocar emoções e memórias positivas.

3. Engajamento cognitivo

Aprender novas músicas e praticar técnicas musicais estimula funções cognitivas, como retenção de memória e concentração. O envolvimento em atividades musicais pode ajudar a manter as habilidades cognitivas em adultos mais velhos, proporcionando desafios mentais que mantêm suas mentes ativas.

4. Benefícios para a saúde física

Cantar envolve técnicas de respiração profunda que melhoram a capacidade pulmonar e a função respiratória — fatores importantes para manter a saúde física à medida que envelhecemos. A participação regular em ensaios de coral também pode promover melhor postura e aptidão física geral.

5. Senso de propósito

Fazer parte de um coral dá aos idosos um senso de pertencimento e propósito. Eles contribuem para apresentações em grupo, o que promove orgulho em suas realizações e os incentiva a continuar participando ativamente.

Desafios enfrentados ao trabalhar com corais de terceira idade

Embora haja vários benefícios em trabalhar com corais de terceira idade, vários desafios devem ser abordados:

1. Problemas de saúde

Muitos idosos enfrentam vários problemas de saúde que podem afetar sua capacidade de participar totalmente de ensaios ou apresentações. Os maestros precisam estar cientes desses problemas e adaptar as práticas de acordo, como permitir intervalos durante os ensaios ou modificar o repertório com base nas capacidades vocais.

2. Níveis de habilidade diversos

Os participantes podem vir de diferentes origens musicais, com variados níveis de experiência dentro do coral. Os maestros devem criar um ambiente inclusivo onde todos os membros se sintam valorizados, independentemente de seu nível de habilidade, ao mesmo tempo em que oferecem oportunidades de crescimento por meio de instruções personalizadas.

3. Barreiras de transporte

Os idosos podem ter dificuldades com problemas de transporte que os impedem de comparecer aos ensaios regularmente. Organizar opções de caronas ou fazer parcerias com organizações locais que fornecem serviços de transporte pode ajudar a aliviar esse desafio.

4. Taxas de retenção

Manter a frequência consistente entre os membros do coral pode ser difícil devido a flutuações de saúde ou circunstâncias pessoais que afetam a vida dos idosos em qualquer momento.

Melhores práticas para trabalhar com corais de idosos

Para maximizar os benefícios e minimizar os desafios ao trabalhar com corais de idosos, considere implementar as seguintes práticas recomendadas:

1. Crie um ambiente inclusivo

Promova uma atmosfera onde todos os participantes se sintam bem-vindos, independentemente de sua formação musical ou nível de habilidade, incentivando a colaboração entre os membros.

2. Adapte as escolhas de repertório

Selecione músicas que ressoem emocionalmente com os idosos, mas tenha cuidado para não sobrecarregá-los tecnicamente; equilibre peças desafiadoras com outras mais simples para manter o engajamento sem causar frustração.

3. Incentive a interação social fora dos ensaios

Organize eventos sociais, como junta panelas ou uma noite de jogos, que potencializam a interação social. Outra sugestão é fazer excursões ou passeios relacionados à música, por exemplo, assistir concertos, onde haverá não somente interação social, mas também o benefício de verem ao vivo uma boa referência musical.

4. Forneça apoio

Os maestros devem priorizar o incentivo em vez da crítica; usar reforço positivo ajuda a construir confiança entre cantores que podem duvidar de suas habilidades devido a inseguranças relacionadas à idade.

5. Incorpore movimento aos ensaios

Dê mais atenção à exercícios suaves de alongamento durante as sessões de aquecimento. Isso vai aumentar o conforto físico durante o ensaio. Ofereça um momento de relaxamento ao final de cada ensaio. Isso pode ser feito de diferentes maneiras. Por exemplo, peça que todos os cantores fiquem em fila, um atrás do outro, e que façam uma leve massagem nos ombros do colega que está à sua frente. Este é um aspecto crucial ao trabalhar com adultos mais velhos cujos corpos podem exigir mais cuidados do que os de cantores mais jovens.

6. Solicite *feedback* regularmente

Incentive a comunicação aberta entre maestro e membros do coral sobre escolhas de músicas ou formatos de ensaio; isso garante que todos se sintam ouvidos, ao mesmo tempo em que permite ajustes com base nas necessidades/preferências dos participantes ao longo do tempo.

7. Comemore as conquistas

Reconheça os marcos alcançados por membros individuais, por exemplo, aniversários dentro do coral, assim também como as realizações do grupo, por exemplo, apresentações bem-sucedidas. Comemorar juntos fortalece os laços dentro da comunidade de cantores!

8. Utilize a tecnologia com sabedoria

Considere incorporar recursos digitais como tutoriais em vídeo ou plataformas online onde os cantores podem acessar materiais de treino fora dos ensaios regulares. O uso de kits de ensaio é recomendado. O bom uso de recursos tecnológicos acomoda diferentes cronogramas e estilos de aprendizagem!

9. Mantenha-se informado sobre recursos de saúde

Familiarize-se e aos seus participantes sobre os serviços de saúde locais disponíveis, visando especificamente as necessidades dos idosos — esse conhecimento facilita a busca por assistência, se necessário!

10. Promova o aprendizado de crescimento contínuo

Incentive o crescimento contínuo oferecendo oficinas focados na melhoria da técnica vocal e educação em teoria musical adaptados especificamente aos interesses/habilidades dos idosos!

Aqui cabe o relato de uma história muito enriquecedora. Conheci a saudosa maestrina Naomi Munakata (1955-2020) em 2002 em um congresso de música coral. A maestrina Munakata sempre deu grande importância ao ensino de solfejo no canto coral. Em certa ocasião, um grupo de senhoras que moravam no mesmo condomínio que a maestrina, pediu que ela fizesse um coral. Os ensaio deste coral feminino de terceira idade começaram e nenhuma das cantoras sabia solfejar. O que foi que a maestrina Munakata fez? Introduziu o ensino de solfejo para este grupo de senhoras! Naturalmente isto foi feito de maneira gradual, sem ser um exercício maçante, mas sim com um senso de descoberta. As senhoras aderiram ao divertido estudo de um novo sistema de códigos e em pouco tempo já estavam lendo partituras simples! Deixo aqui o meu incentivo para que você também trate seus cantores de terceira idade como pessoas que ainda podem muito aprender!

Ao implementar cuidadosamente essas práticas em todo o seu trabalho com corais de terceira idade, você criará experiências enriquecedoras que beneficiam tanto os participantes quanto você! Trabalhar com corais compostos principalmente por cantores de terceira idade oferece inúmeras vantagens que vão desde conexões sociais aprimoradas e bem-estar emocional até funções cognitivas e saúde física aprimoradas! Embora existam desafios inerentes associados a esse grupo demográfico, como níveis variados de habilidade e potenciais barreiras de transporte, as recompensas superam em muito quaisquer obstáculos encontrados ao longo do caminho! Com um planejamento cuidadoso combinado com uma liderança que enfatiza a inclusão, os diretores de corais têm uma oportunidade incrível não apenas de enriquecer vidas, mas também de promover relacionamentos duradouros construídos com base no amor compartilhado pela música!

DESENVOLVENDO UMA FILOSOFIA PESSOAL DE TRABALHO

Iniciar uma carreira, especialmente como regente de coral, é uma experiência cheia de entusiasmo e expectativas. É comum visualizar as primeiras apresentações, sonhar com grandes projetos e planejar como o coral pode evoluir. Esse tipo de entusiasmo é fundamental para o início de qualquer jornada profissional, mas para garantir o sucesso a longo prazo, há outros elementos essenciais a serem considerados. O que realmente definirá sua trajetória não é apenas o talento, mas a capacidade de aprender com suas experiências, sejam elas de sucesso ou fracasso.

Cada bom profissional passa por momentos de êxito, mas também enfrenta fracassos ao longo do caminho. A diferença entre aqueles que progridem e os que estagnam está na habilidade de aprender com os erros e evitar repeti-los no futuro. É crucial cultivar uma mentalidade de crescimento pessoal e profissional. Como bem apontado por Carol Dweck (2017), existem dois tipos principais de mentalidade: a fixa e a de crescimento. Pessoas com uma mentalidade fixa tendem a evitar reconhecer suas fraquezas, acreditando que já sabem tudo que precisam. Por outro lado, indivíduos com uma mentalidade de crescimento reconhecem que o desenvolvimento é contínuo, buscando sempre aprimorar suas habilidades e sabendo que todos têm algo a aprender (DWECK, 2017, p. 120, 121).

Neste contexto, sua filosofia pessoal de trabalho terá um impacto profundo nas escolhas e decisões que você tomará. Talvez, à primeira vista, a ideia de desenvolver uma filosofia própria possa parecer dispensável, mas é essa visão que guiará suas ações e proporcionará sentido ao que você faz. Sem uma filosofia clara, é fácil cair no erro de simplesmente imitar o que outros fazem, sem refletir sobre o motivo por trás de cada escolha ou o impacto que ela pode ter. Isso pode limitar sua capacidade de inovar e melhorar.

Independentemente de onde você esteja atuando – seja em um coral de empresa, igreja, escola ou até mesmo em um coro cênico ou profissional – o seu papel será sempre o de um educador. É sua responsabilidade não apenas ensinar técnica vocal, mas proporcionar experiências musicais ricas e significativas, tanto nos ensaios quanto nas apresentações. O impacto do seu trabalho não pode ser mensurado apenas em termos materiais; ele transcende a música e atinge o desenvolvimento pessoal dos cantores (MICHELSON, 1994, p. v).

O verdadeiro foco do trabalho de regência coral deve ser o desenvolvimento integral do ser humano. O canto coral oferece uma oportunidade única para o crescimento físico, emocional, intelectual e espiritual, proporcionando um ambiente que vai muito além do simples fazer musical. No entanto, é importante que esse desenvolvimento ocorra de forma prazerosa e envolvente, mantendo sempre o foco na qualidade e no bem-estar dos envolvidos.

Entretanto, a regência coral não é isenta de desafios. É necessário desenvolver habilidades de liderança que vão além da técnica musical, especialmente quando se trata de lidar com conflitos. Desentendimentos podem surgir durante os ensaios ou na gestão do grupo como um todo, e a forma como o regente responde a essas situações é crucial para manter um ambiente de trabalho produtivo e harmonioso. Agir impulsivamente pode prejudicar a dinâmica do grupo, gerando impactos negativos. Por outro lado, respostas ponderadas e estratégicas podem fortalecer a coesão do grupo e melhorar o desempenho geral. Lembre-se sempre de que suas palavras e ações influenciam diretamente o ambiente coral, seja de maneira positiva ou negativa.

Além de todas essas habilidades interpessoais, há a sensibilidade musical que você deve estimular em seus cantores. A apreciação e a produção de música de qualidade exigem uma atenção cuidadosa aos detalhes sonoros, como a variação de intensidade, os contornos melódicos, a organização rítmica e os elementos harmônicos. Esses são os aspectos que conferem à música seu poder estético e emocional, e cabe ao regente desenvolver essa percepção nos cantores. Um coro sensível à qualidade musical terá uma *performance* muito mais expressiva e cativante (HOFFER, Charles *apud* MICHELSON, 1994, p. 2).

Para que todas essas ações se concretizem de forma eficaz, é imprescindível que o regente tenha uma visão clara de curto, médio e longo prazo. Mas o que significa, na prática, ter uma visão? De acordo com Zander (2000), uma visão é um convite para que as pessoas ao seu redor participem ativamente de um projeto, contribuindo com ideias e ações que estejam alinhadas com seus objetivos. É a visão que dá forma ao caminho a ser seguido, fornecendo inspiração e direcionamento. Para construir essa visão, pergunte-se: "O que eu realmente desejo alcançar como regente?" e "Como posso transformar essa visão em algo palpável?". Essas perguntas ajudarão a nortear suas ações e a manter o foco em seus objetivos principais (ZANDER e ZANDER, 2000, p. 171).

À medida que você desenvolve sua filosofia pessoal de trabalho, é essencial continuar explorando tópicos que fortaleçam essa base. Os temas abordados podem estar ligados diretamente à educação formal, mas é importante lembrar que o papel de educador não se limita à sala de aula. Em qualquer ambiente em que você esteja regendo um coral, você estará proporcionando uma experiência educativa. Portanto, os conceitos apresentados podem ser adaptados e aplicados a diferentes tipos de coro, independentemente de sua formação ou contexto.

O desenvolvimento de uma filosofia pessoal de trabalho é um processo contínuo, e cada nova experiência, seja de sucesso ou de desafio, contribuirá para o seu crescimento como regente e como educador. Ao longo do tempo, sua filosofia se tornará a base sólida sobre a qual você poderá construir sua carreira e impactar positivamente a vida de seus cantores.

UNIDADE 3
Ensaios

O REGENTE CORAL COMO MODELO E INSPIRAÇÃO

O papel de um maestro coral vai muito além de simplesmente liderar um grupo de cantores durante ensaios e apresentações. Ele desempenha um papel crucial como modelo, inspirando seus coristas através de sua postura, habilidades musicais, liderança e inteligência emocional. Os maestros corais são figuras centrais no desenvolvimento artístico e pessoal dos membros do coro, e sua influência pode ser vista tanto nos métodos de ensino que empregam quanto nos relacionamentos interpessoais que constroem. Além disso, eles promovem um amor profundo pela música que transcende os ensaios, impactando os coristas de maneira duradoura.

Métodos de ensino

Os métodos de ensino de um maestro coral são essenciais para o aprimoramento técnico e artístico de seus cantores. Um bom regente é aquele que consegue se comunicar de maneira clara e eficaz, utilizando uma combinação de gestos, expressões faciais e linguagem corporal para transmitir sua visão musical. Esses elementos visuais são ferramentas poderosas, permitindo que o regente conduza o coral de maneira precisa e expressiva. Por exemplo, o maestro deve usar gestos manuais para indicar nuances musicais como mudanças de volume e direção do som, facilitando a compreensão imediata dos cantores. A combinação de instruções verbais e visuais permite que o regente atenda aos diferentes estilos de aprendizagem dentro do coral, garantindo que todos os membros possam seguir suas orientações.

Além dos aspectos técnicos, a atmosfera criada durante os ensaios também desempenha um papel fundamental no processo de aprendizado. Um maestro eficaz sabe equilibrar o rigor musical com momentos de leveza, utilizando humor e interações descontraídas para manter o moral do grupo elevado. Essa abordagem não só torna os ensaios mais agradáveis, como também cria um senso de comunidade e pertencimento entre os membros do coral. Quando os cantores se sentem valorizados e respeitados por seu regente, eles se tornam mais motivados a se dedicar e se aperfeiçoar. Esse ambiente positivo facilita o aprendizado e estimula os cantores a superar seus próprios limites, buscando sempre alcançar um nível superior de *performance*.

Ademais, os maestros eficazes são capazes de adaptar seus métodos de ensino de acordo com as necessidades específicas do coral em diferentes momentos. Ao reconhecer as forças e fraquezas de cada membro, o regente pode oferecer feedback personalizado, promovendo o crescimento individual dentro do coletivo. Essa abordagem personalizada garante que cada cantor, independentemente de seu nível de habilidade, sinta-se desafiado e apoiado, aumentando o comprometimento com o grupo e o processo musical.

Relacionamentos interpessoais

Um dos aspectos mais importantes do papel de um maestro coral é a construção de relacionamentos interpessoais saudáveis e produtivos com os membros do coral. A relação entre o regente e seus cantores vai além do simples comando musical; é um relacionamento baseado na confiança, respeito e compreensão mútua. Maestros eficientes exemplificam essa conexão através do uso de contato visual constante e movimentos precisos das mãos que se alinham com as mudanças musicais. Esse tipo de liderança visual ajuda a criar uma ponte entre o regente e o coro, estabelecendo um fluxo contínuo de comunicação durante as apresentações.

A paciência e a empatia são qualidades essenciais para um maestro eficaz. Um coral é composto por indivíduos com diferentes níveis de habilidade, e cabe ao regente garantir que todos tenham a oportunidade de crescer e se desenvolver. Durante os ensaios, é natural que alguns membros enfrentem dificuldades com passagens específicas de uma peça. Nessas situações, o maestro deve oferecer *feedback* construtivo sem desmotivar o cantor. Essa abordagem cuidadosa cria um ambiente de aprendizado seguro, onde os erros são vistos como parte do processo de crescimento, e não como fracassos a serem temidos.

O regente também desempenha um papel importante ao promover o diálogo e a colaboração entre os membros do coral. Ao incentivar discussões sobre as interpretações musicais e abrir espaço para observações pessoais, o maestro permite que os cantores se sintam mais envolvidos no processo criativo. Isso não só fortalece o senso de responsabilidade de cada membro, mas também contribui para o desenvolvimento de habilidades de escuta crítica, que são fundamentais para o trabalho em conjunto. Dessa forma, o coral se torna mais coeso e capaz de alcançar um nível mais elevado de *performance*.

Promovendo o amor pela música

Por fim, talvez um dos impactos mais profundos que um maestro coral pode ter é cultivar um amor genuíno pela música nos membros do seu coro. Um maestro apaixonado pela música transmite essa paixão aos seus cantores, seja por meio de histórias inspiradoras ou compartilhando anedotas pessoais sobre as peças que estão sendo executadas. Essa conexão emocional transforma os ensaios em experiências significativas, onde os coristas não estão apenas aprendendo as notas e o ritmo, mas também se conectando emocionalmente com a música. Maestros que compartilham suas próprias emoções e percepções sobre a música conseguem criar um ambiente de aprendizado mais profundo e gratificante.

A escolha de repertório também desempenha um papel fundamental nesse processo. Ao selecionar peças que ressoem com os interesses e habilidades do coral, o maestro estimula o entusiasmo e o engajamento dos cantores. Quando os membros do coral se identificam com a música que estão cantando, o resultado é uma *performance* mais expressiva e autêntica. Seja ao explorar canções tradicionais de diferentes culturas ou ao introduzir obras contemporâneas, o regente pode expandir o horizonte musical do coro e promover um apreço mais amplo pela diversidade musical.

O maestro também atua como um embaixador da música coral em sua comunidade. Ao organizar concertos e eventos que destacam o trabalho do coral, ele ajuda a disseminar a apreciação pela música e a construir um público mais amplo para esse gênero artístico. Essas apresentações públicas não apenas celebram o talento e o trabalho árduo dos coristas, mas também contribuem para o enriquecimento cultural da comunidade como um todo.

O papel do maestro coral vai muito além de simplesmente conduzir ensaios e apresentações. Ele é um modelo e uma fonte de inspiração para seus cantores, influenciando-os tanto por meio de métodos de ensino eficazes quanto pela construção de relacionamentos interpessoais fortes e positivos. Além disso, o maestro tem a capacidade de despertar um amor profundo pela música, criando experiências musicais que transcendem o ambiente de ensaio e têm impacto duradouro na vida dos coristas. Ao inspirar, educar e liderar, os maestros corais moldam gerações de músicos e deixam um legado que vai muito além das notas musicais, tocando o coração e a alma de todos aqueles que têm a oportunidade de cantar sob sua regência.

PAPÉIS ESPECÍFICOS DO REGENTE

Qual é a verdadeira função do regente? Seria simplesmente marcar os tempos, dar entradas, corrigir erros ou liderar o grupo? Certamente, todas essas atividades fazem parte do seu cotidiano, mas o papel do regente vai muito além dessas funções básicas. É um trabalho multifacetado que requer habilidades técnicas, artísticas e humanas. Após aprender com meus mestres, percebi que o regente tem três papéis fundamentais a desempenhar: o de facilitador, instigador e mediador. Esses papéis, embora interligados, têm características e responsabilidades distintas que influenciam diretamente o sucesso de um grupo musical.

O Regente como Facilitador

No papel de facilitador, o regente atua como uma espécie de "guarda de trânsito musical". Assim como um guarda de trânsito organiza e orienta o fluxo de veículos, o regente garante que o "trânsito" da música flua de forma harmônica e eficiente. Aspectos mecânicos da regência, como entradas, fermatas e marcações de tempo, fazem parte desse papel. No entanto, o conceito de "facilitador" vai muito além das questões técnicas. O regente deve se perguntar constantemente: "O que eu posso fazer para tornar o aprendizado e a execução musical mais acessíveis e eficazes para o grupo com o qual estou trabalhando?" Isso envolve um cuidadoso planejamento de ensaios, escolha adequada de repertório e, principalmente, traçar estratégias que maximizem o potencial dos músicos.

Planejar bem significa conhecer as capacidades e limitações do grupo. Um facilitador competente prepara seus ensaios de forma a respeitar o tempo e o processo de aprendizado dos músicos, oferecendo um ambiente de trabalho em que eles possam se desenvolver.

Parte desse papel também é compartilhar a responsabilidade do processo musical com o grupo. O regente deve incentivar os músicos a assumirem maior autonomia, fazendo com que cada membro do coral, orquestra ou grupo instrumental assuma a responsabilidade por sua própria parte, sem depender tanto do regente. Isso não só fortalece a confiança dos músicos, mas também promove um senso de cooperação e unidade dentro do grupo.

Por exemplo, em um ensaio coral, o regente pode orientar as entradas e saídas das vozes, mas também deve incentivar os cantores a desenvolverem sua percepção musical e afinação, de modo que se tornem menos dependentes de suas orientações visuais e sonoras. Isso exige uma abordagem pedagógica contínua, onde o regente não apenas direciona, mas também ensina o grupo a "andar com suas próprias pernas". Quanto mais a responsabilidade é dividida, mais o grupo se fortalece e cresce, tanto técnica quanto artisticamente.

O Regente como Instigador

O papel de instigador é igualmente crucial. Enquanto facilitador, o regente ajuda a organizar e a estruturar o processo musical, mas como instigador, ele precisa despertar nos músicos aquilo que não acontece naturalmente. Muitas vezes, um grupo musical, seja um coral ou uma orquestra, não produz certos elementos essenciais de forma espontânea. Cabe ao regente instigar e motivar o desenvolvimento desses aspectos, como articulação, dinâmica, mudanças de andamento e a precisão rítmica. Essas características musicais não são simplesmente técnicas, mas também expressivas, e precisam ser trabalhadas de forma ativa pelo regente.

Além de instigar a precisão musical, o regente também deve estimular a postura física e mental do grupo. Em corais, isso é particularmente importante, pois o instrumento é o próprio corpo. A postura inadequada, por exemplo, pode prejudicar a emissão vocal, a projeção e até a afinação. O regente deve ser persistente ao enfatizar a importância da postura, tanto física quanto psicológica, e isso precisa ser repetido em cada ensaio. A paciência e a consistência são fundamentais nesse processo. Somente por meio de uma abordagem persistente e firme é que o grupo pode internalizar essas práticas e, eventualmente, executá-las com naturalidade.

Esse papel de instigador não se restringe apenas ao desenvolvimento técnico. O regente também deve instigar o grupo a explorar novas abordagens interpretativas e a mergulhar nas nuances emocionais de cada peça. Isso pode incluir pedir aos músicos para refletirem sobre o significado do texto em uma peça coral, ou discutir as intenções emocionais por trás de uma passagem orquestral. Instigar é, portanto, despertar a curiosidade e a profundidade musical nos músicos, levando-os a transcender a simples execução técnica e a se envolverem com a música de maneira mais expressiva e significativa.

O Regente como Mediador

O terceiro e mais profundo papel do regente é o de mediador das qualidades estéticas, expressivas, intelectuais e espirituais da música. Este é, sem dúvida, o papel mais desafiador, pois envolve um nível elevado de responsabilidade e sensibilidade artística. O regente é mais do que um simples diretor de ensaios; ele se torna o guia da experiência musical, tanto para o grupo quanto para o público. Ao assumir esse papel, o regente deve ter em mente que sua função não é apenas garantir a precisão técnica, mas também facilitar a experiência estética e emocional da música.

Ser mediador exige um profundo estudo, tanto técnico quanto artístico, além de um amadurecimento emocional e espiritual por parte do regente. Não basta conhecer a teoria ou a técnica de uma peça; é preciso ter uma compreensão ampla das intenções do compositor, das emoções que a música pode evocar e de como essas emoções podem ser transmitidas ao público. Esse nível de profundidade demanda não apenas conhecimento musical, mas também um entendimento das dimensões humanas envolvidas na prática artística.

O regente mediador deve refletir continuamente sobre as escolhas de repertório e como essas decisões influenciam a experiência estética e emocional do grupo e do público. Cada peça escolhida tem o potencial de oferecer uma nova perspectiva, uma nova sensação ou uma nova reflexão. Ao escolher o repertório, o regente está moldando a jornada musical e emocional que o grupo e o público irão percorrer. Por isso, é fundamental que essas escolhas sejam feitas com um claro propósito artístico e emocional.

Esses três papéis — facilitador, instigador e mediador — definem o trabalho do regente de forma abrangente e profunda. Cada um deles exige um conjunto específico de habilidades e uma abordagem particular, mas todos estão interligados no objetivo de proporcionar uma experiência musical completa e significativa. O regente, ao dominar esses papéis, não só conduz o grupo de maneira técnica e eficiente, mas também eleva o processo musical a um nível de arte, criando algo que toca as pessoas de maneira intelectual, emocional e espiritual.

Essa função multifacetada explica por que muitos regentes continuam ativos mesmo em idades mais avançadas. A regência é um campo de constante aprendizado, onde cada peça, cada ensaio e cada apresentação oferece novas lições e desafios. O amadurecimento que vem com o tempo permite ao regente uma compreensão mais profunda da música e de seu impacto. Assim, a jornada do regente é uma busca contínua por aperfeiçoamento e descoberta, tanto para si mesmo quanto para aqueles que têm o privilégio de participar dessa experiência musical.

TRABALHANDO COM PESSOAS

O trabalho com coros é essencialmente um trabalho com seres humanos. Essa afirmação pode parecer um tanto óbvia, absurda ou engraçada, mas muitas vezes nos esquecemos de que estamos trabalhando com pessoas, e com todas as suas peculiaridades emocionais e físicas. Nesta seção vou apresentar algumas ideias para promover um ambiente de trabalho positivo em seu coro.

Resolução de Conflitos e Promoção da Sinergia do Grupo

Um dos desafios mais comuns ao liderar grupos musicais é lidar com conflitos entre os membros. É natural que, em um ambiente com diferentes personalidades e ideias, ocorram divergências e atritos. No entanto, é importante saber como resolver esses conflitos de forma construtiva, para promover a harmonia e a sinergia do grupo.

A seguir estão algumas estratégias que podem ajudar na resolução de conflitos e na promoção de um ambiente colaborativo:

1. Comunicação aberta e eficiente

A comunicação é a chave para evitar e resolver conflitos. Estabeleça um ambiente onde os membros se sintam à vontade para expressar suas opiniões e preocupações. Incentive a comunicação aberta, ouvindo atentamente cada membro e procurando entender seu ponto de vista. Promova a transparência, compartilhando informações relevantes e mantendo todos atualizados sobre decisões importantes.

Além disso, é importante garantir que a comunicação seja eficiente. Estabeleça canais de comunicação claros e acessíveis, como reuniões regulares, grupos de WhatsApp ou e-mails. Certifique-se de que todos os membros estejam cientes desses canais e saibam como utilizá-los adequadamente.

2. Negociação e compromisso

Nem sempre é possível chegar a um consenso imediato. Em situações de conflito, é importante incentivar a negociação e o compromisso. Encoraje os membros a discutirem suas diferenças de forma respeitosa e a buscar soluções que atendam aos interesses de todos. Ajude-os a identificar pontos em comum e a encontrar alternativas que possam conciliar diferentes perspectivas.

Lembre-se de que a negociação não se trata de ganhar ou perder, mas de encontrar um equilíbrio que beneficie o grupo como um todo. Incentive os membros a pensarem de forma colaborativa, colocando os interesses do grupo acima dos interesses individuais.

3. Mediação e resolução de conflitos

Em alguns casos, pode ser necessário intervir diretamente na resolução de conflitos. Como líder do grupo, você pode atuar como mediador, facilitando a comunicação entre os membros e buscando soluções que sejam justas e satisfatórias para todos.

Ao mediar conflitos, é importante ser imparcial e ouvir todas as partes envolvidas. Tente entender os motivos e emoções por trás do conflito, para que possa ajudar a encontrar soluções adequadas. Encoraje os membros a expressarem seus sentimentos de forma construtiva e a trabalharem em conjunto para resolver o problema.

4. Fomentando o trabalho em equipe

Uma equipe unida e colaborativa é menos propensa a conflitos. Portanto, é fundamental criar um ambiente que incentive o trabalho em equipe e a cooperação entre os membros. Divida tarefas e responsabilidades entre os cantores. Isto pode ser uma simples tarefa de fazer a chamada nos ensaios ou ter a responsabilidade de lembrar dos aniversariantes de cada mês. Promova atividades que estimulem a interação e a confiança mútua, como jogos de grupo, momentos recreativos ou workshops.

Além disso, reconheça e valorize as contribuições individuais de cada membro. Celebre os sucessos do grupo e incentive o reconhecimento mútuo. Quando os membros se sentem valorizados e parte de algo maior, é mais provável que trabalhem em harmonia e superem os conflitos de forma construtiva.

Lembre-se que um componente muito importante na negociação de conflitos de relacionamento dentro de um grupo musical é entender e procurar de alguma maneira atender os interesses de todos os envolvidos. Ao término de uma negociação de conflitos, todos devem sentir que suas necessidades foram contempladas (DWECK, 2017, p. 151).

Atitudes do Regente

Que tipo de relação você, no papel de regente, tem com os seus comandados? Você é o grande sábio detentor do conhecimento musical e seus cantores são seus súditos que devem curvar-se na sua presença? Ou, você é capaz de desenvolver um relacionamento respeitoso com todos? Quais são as suas atitudes? Você humilha seus cantores quando eles erram? Você utiliza o medo como arma? Ou, você assume o papel de ajudar seus músicos a superarem suas dificuldades musicais? Vou contar duas histórias verídicas que servem de exemplo de como as atitudes de um líder musical podem acabar criando mais problemas do que soluções.

A primeira história tem como personagem principal ninguém menos que o próprio Johann Sebastian Bach (1685-1750). Bach teve seu primeiro posto de organista em Arnstadt. Era o ano de 1705 e Bach estava conduzindo um ensaio com um grupo instrumental que tinha um fagote. Documentos de época, incluindo algo como um boletim de ocorrência e o parecer do juizado local, indicam que Bach ficou descontente com a execução musical do fagotista e fez um comentário ofensivo. A ofensa proferida por Bach foi *Zippel Fagottist*. O significado exato desta "ofensa" é obscura, pois a expressão "Zippel" possui conotações peculiares na região da Turíngia, onde o fato ocorreu. Possivelmente Bach chamou o rapaz de "fagotista flatulento", e sabemos que "Zippel" é uma expressão vulgar! Já tarde da noite, quando Bach retornava aos seus aposentos, Geyersbach, o fagotista, estava aguardando em uma encruzilhada junto com alguns amigos para tirar satisfações com o jovem maestro Bach. A discussão ficou acalorada e houve, além da troca de insultos, um embate físico. Para nossa surpresa, Bach andava "armado", e sacou um punhal! Nesse momento a turma do deixa disso entrou em cena e conseguiu apartar os dois valentões. O caso foi parar na corte local. Bach e Geyersbach tiveram que depor e assim temos documentos de época com esse relato peculiar (DAVID et al, 1998, p. 43-45).

Vamos fazer uma breve análise do fato ocorrido. Insultar o fagotista fez com que este tocasse melhor? É claro que não! Muito pelo contrário, causou uma situação extremamente perigosa que poderia ter terminado em tragédia! Agora diga com sinceridade se você, na posição de regente, já ofendeu um de seus músicos com o "puro" intuito de encorajar uma execução musical melhor. Também, é possível que você já observou este tipo de comportamento estando na posição de cantor e não na liderança. Infelizmente este tipo de liderança musical era relativamente comum em tempos passados. Digo com bastante convicção que não existe mais espaço para este tipo de comportamento nos dias atuais.

A segunda história é relatada por seu próprio personagem. O maestro Benjamin Zander obteve notoriedade dirigindo a *Boston Philharmonic Orchestra*, uma orquestra de alto nível musical, mas que é voluntária. Em certa ocasião a orquestra estava preparando *Petrushka*, o balé de Igor Stravinsky. Era o penúltimo ensaio e o maestro Zander já estava estressado ao saber que 4 violistas não estariam neste ensaio por um conflito de apresentação com a *Boston*

University Symphony Orchestra. O ensaio começou e ele notou que Cora, sua segunda melhor violista, também não compareceu ao ensaio. No intervalo do ensaio o maestro saiu furioso pelos corredores da universidade a procura de Cora. Ao encontrá-la, Zander descarregou sua frustração em Cora, afirmando a impossibilidade de fazer *Petrushka* com apenas 4 violas. Cora simplesmente disse que havia informado uma colega do naipe de violas que teria uma sessão de *coaching* naquela noite e que não poderia ir ao ensaio da orquestra. Zander insistiu que Cora aparecesse ao menos para a segunda parte do ensaio, mas Cora simplesmente reafirmou que teria a sessão de *coaching*. Zander relata que disse de maneira sarcástica que não parecia que Cora teria uma sessão de *coaching*, pois o instrumento estava no estojo. Nesse momento, Zander saiu furioso de volta ao ensaio. Ao final do ensaio, Cora apareceu e disse de maneira bem fria que havia decidido sair da orquestra, afirmando que não toleraria mais ser abusada verbalmente como aconteceu naquela noite.

Agora Zander tinha mais um problemão para resolver! Zander tentou convencer Cora a mudar sua decisão argumentando que era bobagem e que ele não a havia abusado. Era apenas parte do estresse e pressão de estarem fazendo o Stravinsky. Bem, Cora simplesmente disse que isso era problema do maestro, virou as costas e foi embora! Benjamin Zander é casado com uma psicóloga e ambos desenvolvem um trabalho colaborativo enriquecedor sobre relacionamentos, especialmente nos ambientes de trabalho. Benjamin Zander decidiu escrever uma carta para Cora. A seguir estão alguns trechos desta carta.

> Finalmente quebrei o ciclo de atacar as pessoas quando elas não fazem exatamente o que eu quero que elas façam. Cheguei a conclusão que, quando fico com raiva das pessoas ou me torno sarcástico, estou eliminando-as, e o relacionamento nunca se recupera completamente. [...]

> É difícil para mim entender que nem todos tem as mesmas prioridades que eu. Agora entendo que em uma orquestra voluntária cujo os músicos têm muitos outros compromissos, eu não posso assumir que a prioridade de todos será exatamente a mesma que a minha. [...]
>
> Finalmente compreendi que o relacionamento com meus colegas, músicos, estudantes e amigos é sempre mais importante do que o projeto no qual estamos trabalhando; e que na verdade, o próprio sucesso do projeto depende destes relacionamentos estarem cheios de graça.

Você deve estar curioso para saber se Cora voltou para a orquestra. Mas isso não é tão importante quanto a mudança que aconteceu na atitude de Benjamin Zander. De qualquer forma, sim, Cora voltou para o último ensaio e continuou tocando na orquestra! No entanto, o mais importante é que Zander entendeu que não fazemos música apenas pela música ou apenas para satisfazer o nosso ego como regentes. Nós fazemos música por causa das pessoas! E neste caso, pessoas, inclui músicos e público. É claro que presença assídua aos ensaios não deve ser negligenciada. Mas precisamos entender que estamos trabalhando com pessoas, e a maioria delas são voluntários que participam de nosso grupo musical pela satisfação e alegria que encontram ali (ZANDER & ZANDER, 2000, p. 149-155).

A resolução de conflitos e promoção da sinergia do grupo são habilidades essenciais para um líder de grupos musicais. Olhe para dentro de si e procure perceber a influência de suas atitudes no grupo musical. Faça essa autoanálise com muita franqueza. Procure aplicar as estratégias apresentadas e assim você estará capacitando seus membros a trabalharem juntos de forma eficiente, criando um ambiente positivo e produtivo para todos.

PROCEDIMENTOS DE ENSAIO

O sucesso de um ensaio coral está diretamente relacionado à qualidade de seu planejamento. Um ensaio mal planejado, onde o regente improvisa as atividades e o cronograma, tende a gerar resultados igualmente imprevistos e, na melhor das hipóteses, medianos. A organização, portanto, é fundamental para alcançar o desenvolvimento musical e o refinamento do grupo.

Um ensaio eficiente não pode ser baseado apenas em inúmeras repetições da música com a esperança de que, por meio da familiaridade, os erros desaparecerão por si só. Repetições automáticas sem a devida reflexão ou correção não corrigem falhas e, muitas vezes, podem consolidar erros. Por outro lado, um ensaio que se concentra exclusivamente no aprendizado frase a frase ou compasso a compasso, onde cada detalhe da música é exaustivamente trabalhado isoladamente, pode ser igualmente problemático. Esse método detalhista, embora pareça rigoroso, pode prejudicar a fluidez e a musicalidade geral da obra, transformando o ensaio em uma sequência fragmentada de partes desconectadas (PFAUTSCH, 1973, p. 66).

Além disso, um ensaio bem-sucedido não deve focar em apenas um aspecto da música, negligenciando outros elementos essenciais. Por exemplo, não adianta gastar muito tempo em questões de dicção, enquanto aspectos igualmente importantes como equilíbrio de vozes, dinâmica, afinação ou precisão rítmica são deixados de lado. O desafio do regente é abordar todos esses aspectos de maneira equilibrada, garantindo que a obra se desenvolva de forma completa, considerando tanto os detalhes técnicos quanto a expressão artística.

O planejamento antecipado

O planejamento do ensaio começa muito antes de o grupo estar reunido. O regente deve iniciar o processo com um estudo detalhado e profundo da partitura. Esse estudo envolve não apenas a familiaridade com as notas e a estrutura formal da peça, mas também uma compreensão abrangente de sua expressão artística, contexto histórico e estilo. Uma análise teórica da obra é o primeiro passo para garantir que o regente tenha uma visão clara do que pretende alcançar musicalmente com o grupo.

Contudo, além dessa análise tradicional, é fundamental que o regente considere outras perspectivas ao preparar uma peça para ensaio. Essas quatro abordagens complementares podem proporcionar uma visão mais completa da obra e de como ela pode ser trabalhada de forma eficaz no ensaio:

1. Perspectiva técnica

Avaliar as dificuldades técnicas da obra é crucial. O regente deve identificar antecipadamente os trechos que provavelmente exigirão mais atenção, como passagens rítmicas complexas, saltos melódicos desafiadores ou harmonia densa. Ao planejar o ensaio, essas seções podem ser trabalhadas com mais cuidado, prevenindo o desperdício de tempo em seções que já fluem bem.

2. Perspectiva interpretativa

Além das notas e ritmos, o regente deve refletir sobre o caráter expressivo da peça. Qual é a intenção do compositor? Qual a atmosfera ou emoção que deve ser transmitida? Essa visão interpretativa deve orientar o ensaio, para que o grupo não apenas toque as notas, mas consiga trazer à tona a expressividade necessária.

3. Perspectiva prática

O regente deve adaptar o planejamento do ensaio à realidade técnica e ao nível de experiência do coro. Um coro mais experiente pode lidar com um repertório mais desafiador, enquanto grupos iniciantes podem exigir abordagens mais graduais. Além disso, é necessário prever o tempo disponível para cada ensaio e distribuir as atividades de forma equilibrada.

4. Perspectiva psicológica e motivacional

Ensaios produtivos também levam em conta o estado emocional e motivacional dos cantores. Manter o grupo engajado é fundamental para garantir um trabalho contínuo e eficaz. O regente deve variar as abordagens, evitando a monotonia, e fornecer *feedback* construtivo, celebrando os progressos e trabalhando de forma positiva nas dificuldades.

De maneira prática, procure entender a partitura do ponto de vista destas 4 perspectivas ao preparar-se para um ensaio.

4 PERSPECTIVAS

1. Cantor

- Qual a extensão/tessitura?
- Que tipo de sonoridade é apropriada?
- Quais as habilidades vocais exigidas?
- É necessário redistribuição de vozes? (contralto cantar tenor, por exemplo)

2. Músico

- O que a peça representa em termos de contexto, cultura, tradição e estilo?
- Como o compositor/arranjador usa o texto (ritmo, rima, repetição, palavras importantes, palavras pictóricas e frases)?
- A peça tem um bom casamento de letra e música?
- Quais são as coisas mais importantes na música e seu significado (uso de arquitetura, relações tonais, métrica, acompanhamento, contraste, recursos expressivos)?

3. Regente

- O que precisa ser comunicado através do gesto?

4. Educador

- Como a peça vai ser ensinada?
- Como o estudo e apresentação desta peça contribui para se alcançar os alvos estabelecidos?
- Como posso promover aprendizado significativo para todos os alunos?
- Como posso ajudar os alunos a "entrar" na música?
- O que será conhecido e desconhecido para a maioria dos alunos? (HOLCOMB, 2014, p. 3)

O ensaio de coral deve sempre começar com um breve período de aquecimento e técnica vocal. Os exercícios de aquecimento vocal e corporal não apenas preparam as vozes, mas também ajudam os cantores a se concentrar. Esses momentos podem ser aproveitados para introduzir elementos que serão trabalhados durante o ensaio, como ritmos ou intervalos específicos presentes na peça.

Em seguida é proveitoso trabalhar o material mais difícil daquela sessão de ensaio. Pode ser a música mais difícil ou a leitura de uma peça nova mais trabalhosa. É sempre recomendado terminar o ensaio num momento positivo, que dê ao cantor o sentido de que valeu a pena estar naquele ensaio. Isso pode ser alcançado revisando uma peça já estudada tendo em vista a necessidade do polimento desta para uma apresentação pública. É o momento de corrigir os últimos detalhes e, se possível, oferecer uma perspectiva do que será abordado no próximo ensaio. Sempre gaste mais tempo fazendo música do que falando!

Veja a seguir uma sequência sugestiva de um ensaio de 50 minutos de duração.

Aquecimento 10 minutos
Técnica vocal 5 minutos
Peça difícil 20 minutos
Revisão peça já estudada 10 minutos
Fechamento 5 minutos

Técnicas/dinâmica de ensaio

Todo regente deve ansiar um ensaio eficiente. Isso significa um bom aproveitamento do tempo. No seu planejamento de ensaio, considere a seguinte equação:

$$dificuldade\ da(s)\ peça(s)$$
$$+$$
$$capacidade\ dos\ músicos\ (incluindo\ o\ regente)$$
$$=$$
$$tempo\ de\ ensaio$$

É difícil saber a qual aspecto musical dar atenção e prioridade em um ensaio. Não existe uma regra fixa para isso e há uma grande variação de coro para coro. Com o passar do tempo e familiaridade com o grupo, você pode descobrir em qual aspecto seu coro precisa de mais atenção. De qualquer forma, a lista de prioridades a seguir pode ser útil principalmente em seus primeiros ensaios.

Prioridades de Ensaio

1. Ritmo e notas
2. Afinação/entonação e qualidade do som
3. Articulação e dicção
4. Fraseado e expressão
5. Contraste/gradação de dinâmica
6. Equilíbrio e timbragem (KOHUT & GRANT, 1990, p. 109).

A seguir apresento algumas dicas que ajudam na "eficiência" do ensaio:

- Antes de interromper, saiba exatamente o que vai dizer;
- Fale em tom claro e, se necessário, demonstre exatamente o que deseja;
- Jamais diga "de novo" sem oferecer um bom motivo, a não ser que ele seja óbvio;
  - Identifique com clareza onde está o problema e quem precisa corrigi-lo:
  - Identificado o problema, trabalhe até que haja notável progresso.
  - Após trabalhada a etapa, anuncie com clareza onde será o recomeço, dando tempo suficiente para todos se localizarem.
  - Evite fazer comentários enquanto há execução musical.
  - Não gaste muito tempo em um trecho ou peça, de maneira que o resto fique mal ensaiada.
  - Economize tempo ensaiando aquilo que realmente precisa de atenção. Não ensaie peças inteiras apenas para "passar".

Saber o que dizer no ensaio é um grande desafio, principalmente para um regente que está começando a sua carreira. Você deve considerar o quanto é capaz de comunicar as intenções musicais através dos gestos de regência, e o quanto o coro compreende seus gestos. Costumo pedir a meus alunos de regência que observem diferentes ensaios e avaliem a quantidade de instrução verbal em contraste com a comunicação por gestos. Em um universo musical perfeito o regente é capaz de comunicar todas as suas intenções através de gestos. O coro entende perfeitamente o que o regente deseja com cada gesto. Como não vivemos em tal ambiente de perfeição, precisamos saber comunicar em palavras o que realmente precisa ser feito de maneira que o coro compreenda. Minha sugestão é a de que você escreva no seu planejamento de ensaio algumas frases úteis a serem utilizadas durante o ensaio, como ideias que descrevam a qualidade do som desejado na peça ou em determinadas passagens; ou palavras-chave sobre a correção de algum erro ou dificuldade esperado/antecipado. Escreva também algumas sugestões de comentários (*feedback*) sobre o desempenho do coral. Assim você evita dizer chavões inadequados, como "está excelente!", quando a realidade não é bem essa. De qualquer forma, o simples exercício de escrever as ideias no papel vai ajudá-lo no momento do ensaio quando será propício dizer algo útil e significativo.

É fundamental que o regente tenha uma atitude positiva com os coristas. É importante usar palavras de incentivo/afirmação e atitudes de aprovação. Para que haja progresso, os cantores precisam entender o que já foi alcançado e o que ainda precisa ser feito. No entanto, a avaliação deve ser honesta. O progresso é gradativo e precisa ser comunicado ao coral de forma coerente. Se ainda não está pronto, não podemos dizer "excelente!".

Algumas considerações sobre ensaios em naipes separados

Muitos corais aprendem quase que exclusivamente música nova através de ensaios em naipes separados. Em um primeiro momento pode parecer proveitoso, principalmente se o coro em questão não tem grandes habilidades de solfejo desenvolvidas. No entanto, quando usado de maneira regular isto causa alguns problemas.

O primeiro deles é uma espécie de vício a esse tipo de aprendizado. O cantor se torna dependente em "ouvir" a sua voz "martelada" ao piano. Recordo uma experiência marcante que tive justamente com este assunto. Eu estava assumindo um coral adulto que costumava sempre fazer ensaios em naipes separados. No primeiro contato que tive com o grupo escolhi uma música de ritmo harmônico lento e harmonia simples. Pedi que o pianista desse a nota inicial de cada voz e então dei a primeira entrada. Os cantores foram simplesmente incapazes de cantar notas repetidas em um ritmo de semínimas. Para aumentar meu espanto, solicitei que somente os sopranos cantassem suas quatro primeiras notas sem a ajuda do piano. Quatro "dós" em semínimas. Os sopranos não foram capazes de cantar isso!

O segundo problema talvez seja o mais grave. Quando o tenor aprende sua voz em separado, está aprendendo a "música do tenor". Quando o tenor se junta às outras vozes tem que aprender uma nova peça, a "música de todos". Quantas vezes ensaios em naipes separados são desperdiçados! Gasta-se tempo e quando todas as vozes têm que cantar juntas, volta-se à estaca zero. Normalmente a dificuldade não está em cantar a sua voz em separado, mas sim em cantar sua voz juntamente com as outras vozes sentindo todos os pontos de tensão e dissonância.

O terceiro problema é que o regente não pode estar simultaneamente em todos os ensaios de naipes separados. Isso significa que seu líder de naipe terá a responsabilidade de dirigir o ensaio. O que realmente vai acontecer nesse momento?

Já fiz minhas considerações negativas sobre o ensaio em naipes separados. No entanto, não posso deixar de reconhecer que há alguns pontos positivos neste tipo de procedimento. Reserve o ensaio em naipes separados para trechos específicos que realmente exijam este procedimento para melhorar o aprendizado do coro. O ensaio em naipes separados é uma oportunidade de dar atenção especial a qualidade vocal do naipe, buscando um som mais homogêneo. Para que isso aconteça você (ou o preparador vocal) tem que liderar o ensaio, momento que não pode acontecer simultaneamente. A cada ensaio você pode deixar até três vozes ensaiando juntas enquanto trabalha com um naipe em separado.

Existem boas alternativas para o ensaio em naipes separados. Veja algumas possibilidades:

- Ensaio em pares de vozes. Homens X mulheres; S/T X A/B etc. Isto ajuda a dar contexto ao estudo da voz e o regente pode revezar entre os ensaios com maior agilidade e produtividade. O pareamento de vozes deve seguir alguma lógica. Em música homofônica pode ser as vozes externas, criando um sentido de estrutura da peça (naturalmente as vozes internas formam o outro par). É proveitoso combinar vozes que têm relação temática em música polifônica, vozes canônicas, vozes que têm paralelismo na estrutura rítmica, tema e contrassujeito de fugas, dentre outros (THOMAS, 1971, p. 59).

- Peça que todos os naipes cantem a voz que está tendo dificuldade. A lógica é simples. Mais gente cantando a voz que está tendo dificuldade pode aumentar as chances da dificuldade de aprendizado ser superada. Este procedimento também ajuda, fazendo com que os outros naipes tenham "simpatia" pela voz que está tendo dificuldade. Mesmo em passagens nos extremos de extensão é possível pedir que as vozes mudem de oitava e continuem participando do exercício. Muitas vezes a dificuldade está em somente uma ou duas vozes, se você concentra toda sua atenção nessas vozes, as outras que estão "à toa" terão tempo para fazer sua segunda atividade favorita: conversar. Isso vai naturalmente criar um problema disciplinar para o ensaio. Mantenha sempre todo mundo ocupado.

- Durante o ensaio com o coro e com o auxílio do piano, "passe" a voz de quem está tendo dificuldade da seguinte forma: peça para o naipe que está tendo problema cantar em pé, recebendo destaque de solista. Os outros naipes cantam sentados em dinâmica suave sem o auxílio do piano. O procedimento ajuda o naipe que está tendo dificuldade e ao mesmo tempo cria maior segurança e independência nos outros.

Identificação e correção de problemas básicos

Um dos grandes desafios do regente inexperiente é desenvolver a habilidade de identificar o que precisa ser melhorado/corrigido. O caminho mais adequado para desenvolver esta habilidade é conhecer a partitura por completo. Sem conhecimento da partitura o regente irá apenas "fazer de conta", mesmo que sua habilidade de percepção musical seja muito elevada.

Assim como os ouvidos do regente precisam estar atentos, também os do coro precisam ser ensinados a prestar atenção ao que está acontecendo. Isso deve acontecer individualmente, dentro do naipe e no contexto de todo conjunto vocal. O corista deve ser ensinado a ouvir a harmonia, contraponto, ritmo e a ter percepção do fraseado musical e textual (PFAUTSCH, 1973, p. 78).

Lembre-se de que o fazer musical é uma "parceria" entre regente e coristas. O regente não faz música sozinho. O ensaio é um encontro de contínuo crescimento e expansão com o vasto repertório da literatura coral em aprendizado gradual das partituras estudadas e a notação musical presentes como "plantas/receitas" das intenções musicais do compositor. O ensaio deve prezar pelo desenvolvimento da disciplina, técnica da voz, audição e visão dos coristas. Espera-se, então, que eles se tornem proficientes e responsáveis no fazer musical. Deve ser cultivada a habilidade individual do cantor em se ouvir com relação aos outros cantores, assim como flexibilidade, versatilidade, encorajando a responsabilidade individual.

Muitas vezes o regente iniciante é capaz de ouvir que algo está errado, mas não sabe identificar onde está o erro. O que fazer então? Especialmente em música homofônica **não** é difícil saber qual voz está cantando certo. Um exemplo é o soprano cantando a melodia. Dessa forma você pode começar a eliminar vozes que não estão com problema e focar nas vozes que potencialmente erram. Isso chama-se diminuir a complexidade sonora. Essa estratégia pode ser feita de várias maneiras diferentes. Se você sabe que o problema não está no soprano, tire o soprano da equação. Faça pares de vozes. Peça para a voz que você tem certeza que está correta cantar em dinâmica suave, prestando atenção às outras vozes. Uma vez identificado o problema e quem está tendo dificuldade, vá direto à solução. Rapidamente dê contexto musical para a voz que estava tendo dificuldades, fazendo com que todo o coro cante.

Novamente enfatizo a importância do preparo da partitura. Identifique passagens difíceis e determine como superá-las previamente em seu estudo individual da peça. Alguns exemplos de dificuldades típicas de corais são: cantar segundas aumentadas, trítonos, saltos, ritmos complexos, harmonia incomum, dentre outras. Destaque os trechos na partitura e preestabeleça estratégias para o ensaio.

Quadro 6 – Alguns problemas e possíveis soluções

Problema	Sintoma	Solução
Aceleração de andamento	Coral não está respirando em andamento consistente.	Use o metrônomo para ensinar andamento consistente.
	Coral não percebe andamento nas divisões rítmicas	Peça ao coral para ouvir mais atentamente.
Perda de andamento	Consoantes muito longas	Faça pequenos gestos de arremesso para tirar o peso do som.
		Peça para o coro cantar com mais energia.

Problema	Sintoma	Solução
Falta de linha musical	Som opaco Andamento lento Falta de energia	Confirme se o coral compreendeu o contorno e a direção da frase. Use gestos para incentivar fraseado.
Entonação ruim em todas as vozes	Cor da vogal não consegue manter afinação. Vogais precisam estar fechadas Mudanças entre vogais é muito lenta.	Trazer todas as vogais para frente e para cima. Confirmar se as vogais "u" e "i" são puras. Ensaie somente com as vogais; certifique se as mudanças de vogais acontecem rapidamente.
Falta de dinâmica *piano*	Coral perde espaço no *piano*. Vogal está muito aberta. Falta de consciência corporal total.	Manter sensação de espaço no *piano* Fechar vogais. Pedir ao coral mais energia.
Nota sustentada perde afinação	Posição da língua muda enquanto vogal é sustentada. Ataque da nota foi desafinado.	Mantenha a mesma posição da língua através de toda a nota sustentada. Peça ao coral para ouvir a nota antes de cantar.
Som coral é em geral apertado e estreito	Problemas de afinação	Use exercício de sirene/suspiro para fazer com que a laringe volte a uma posição relaxada. Desfaça a tensão da mandíbula e língua.
Som indistinto das vogais	Consoantes antes das vogais executadas incorretamente	Cante somente vogais. Confirme a participação da língua em todas as vogais

Problema	Sintoma	Solução
Contralto e baixo consistentemente com afinação baixa	Som parece sem foco	Peça ao coral para ouvir as outras vozes e não a sua. Faça um ostinato com a dominante acima do som do coral (use o piano).
Contralto frequentemente canta em voz de peito	Palato mole não permanece ativado	Peça ao contralto para cantar da mesma maneira que em seu registro agudo.

Fonte: JORDAN, 2005, p. 221-233

Procedimentos específicos para coro infantil e juvenil

O sentido do prazer em cantar deve ser enfatizado com qualquer coral, mas com crianças e adolescentes isto se torna importantíssimo. O uso de atividades que parecem brincadeira é sempre recomendado. O trabalho com coro infantil e juvenil exige que o regente sirva de modelo com mais frequência. Portanto, se você vai trabalhar com essa faixa etária, cuide muito bem de sua voz e procure desenvolvê-la! Lembre-se de que crianças são "esponjas" prontas para absorver tudo com o qual entram em contato. Se você for um bom modelo, muito bem. Mas se não for...

Algumas ideias para o trabalho coral com crianças de 5 a 7 anos

Nesta etapa as crianças basicamente cantam em uníssono. Devem aprender as mesmas notas e serem introduzidas à notação musical.

1. Falar o texto no ritmo com boa inflexão e expressão.

2. Imitar sons de animais, veículos, personagens etc.

3. Criar histórias em que as crianças fazem os efeitos sonoros.

4. Começar sempre com o intervalo de terceira menor descendente.

5. Cantar músicas conhecidas em diferentes alturas e articulações.

6. Usar muitas canções pentatônicas.

7. Visualizar o som. Diferentes posições do corpo para diferentes notas.

8. Visualizar ritmo. Escreva no quadro ou traga cartazes prontos.

9. Sentir ritmo batendo palmas.

Algumas ideias para o trabalho coral com crianças de 8 a 10 anos

Nesta faixa etária as crianças começam o trabalho com divisão de vozes, usando cânones e descantes. Veja como começar a trabalhar com duas vozes.

1. Ensinar a melodia de uma frase simples de dois compassos para todos.

2. Ensinar a segunda voz para um grupo pequeno (oito cantores).

3. Cantar em duas vozes, somente o grupo pequeno cantando a segunda voz.

4. Repetir o procedimento com outros grupos pequenos.

5. Ouvir atentamente, caminhando dentro do coral para identificar quem canta a segunda voz com mais facilidade.

6. Repetir todo o procedimento usando uma frase musical mais difícil.

7. Separar o coral em dois grupos: primeira e segunda voz

Algumas ideias para o trabalho coral com juvenis/adolescentes de 11 a 13 anos

Juvenis e adolescentes podem trabalhar repertório a duas e três vozes com uso de partitura. Atenção especial precisa ser dada aos meninos que vão começar a mudar de voz. Contraltos e sopranos 2 precisam ser os cantores mais experientes. Os novatos devem cantar soprano 1. Em situações bem específicas é possível ter meninos com mudança de voz precoce. Neste caso você poderá trabalhar até mesmo com quatro vozes (SATB). No entanto, será necessário fazer seus próprios arranjos e adaptações.

1. Começar o ensaio com um aquecimento simples

- Faça correções de afinação
- Incentive a escuta ativa, ouvir uns aos outros
- Cantar uma música já ensaiada/conhecida em *bocca chiusa*. Isso ajuda no aquecimento e disciplina

2. Ter consciência de sua voz falada. Fale com autoridade, mas não ditatorial. Nunca em cima da conversa dos alunos.

3. Enfatize a beleza do som através de boa postura e vogais puras.

4. Pedir que meninos em mudança de voz cantem notas graves bem suave, sem forçar.

5. Fazer uma rotação nas partes vocais das meninas. Não deixe uma menina passar 3 anos cantando sempre a melodia (BARTLE, 1988; KNAUF, 1967, p. 206-212).

Avaliação pós-ensaio: um passo essencial para o crescimento musical

Depois de cada ensaio faça uma avaliação. A avaliação pós-ensaio é uma etapa crucial para o sucesso contínuo de qualquer grupo musical, especialmente de corais. Após cada ensaio, é fundamental reservar um tempo para refletir sobre o que foi realizado, analisando tanto os pontos fortes quanto as áreas que necessitam de aprimoramento. Esse processo de revisão permite que o regente e os cantores mantenham uma trajetória de evolução constante, ao invés de simplesmente repetirem erros ou deixarem passar oportunidades de melhorar a *performance*.

Reflexão detalhada

Ao final de cada ensaio, faça uma avaliação cuidadosa e meticulosa. O primeiro passo é identificar o que deu certo: quais aspectos do ensaio foram bem executados, onde o coral conseguiu progredir e quais momentos musicais foram particularmente bem resolvidos. Celebrar esses sucessos é importante para manter o moral elevado do grupo e reforçar as práticas que funcionaram.

Em seguida, é necessário analisar o que precisa ser aprimorado. Nem todos os ensaios são perfeitos, e sempre haverá espaço para melhorias. Avaliar com clareza quais trechos da música ou aspectos técnicos (como afinação, dicção, dinâmica ou interpretação) ainda não atingiram o nível desejado é essencial para traçar estratégias de avanço. Além disso, pode-se refletir sobre a eficácia do planejamento do ensaio: o tempo foi bem distribuído? Os exercícios de aquecimento prepararam adequadamente o coral? A metodologia utilizada foi eficiente?

Registro de sugestões para melhoria

A avaliação pós-ensaio deve incluir a elaboração de sugestões práticas de como melhorar os pontos identificados. Registrar essas sugestões, seja em um caderno ou arquivo digital, proporciona ao regente uma base sólida para o planejamento dos próximos ensaios. Sugestões podem incluir ajustes no cronograma de ensaios, mudanças na abordagem pedagógica, introdução de novos exercícios vocais ou mesmo a necessidade de revisitar trechos mais complexos da peça.

Esse processo de sugestão de melhorias deve ser contínuo e não apenas corretivo. Em muitos casos, mesmo aspectos que já foram bem executados podem ser refinados ainda mais. Por exemplo, se a afinação foi satisfatória, o próximo passo pode ser trabalhar na expressividade e na emoção da música, levando o coral a outro patamar de *performance* artística.

A importância de gravações

Gravar os ensaios é uma prática altamente recomendada, pois proporciona um registro objetivo do que aconteceu. O ideal é filmar os ensaios, pois isso oferece uma visão completa, incluindo aspectos visuais importantes, como postura, expressão corporal e até mesmo a comunicação entre regente e coral. Essas informações visuais são valiosas, já que o trabalho vocal é, em grande parte, também físico.

No entanto, se a filmagem não for possível, uma gravação em áudio ainda será de grande utilidade. O áudio permite que tanto o regente quanto os cantores revisitem o ensaio com atenção aos detalhes musicais, como afinação, ritmo, qualidade de som e precisão dos ataques. Muitas vezes, durante o ensaio, certos problemas podem passar despercebidos, mas ao ouvir a gravação, fica mais fácil identificar os erros e pontos que podem ser aprimorados.

Objetividade e equilíbrio

Esse processo de avaliação objetiva, ancorado em gravações, proporciona um maior equilíbrio entre a experiência emocional do ensaio e a análise intelectual necessária para o crescimento técnico. Durante o ensaio, o impacto emocional da música pode mascarar certas falhas ou criar a ilusão de que tudo está funcionando perfeitamente. Uma revisão posterior, com base em uma gravação, traz um distanciamento emocional que ajuda a avaliar de forma mais precisa e imparcial o que realmente aconteceu.

Além disso, esse método permite que o regente construa uma visão de longo prazo. A cada ensaio, as gravações e anotações criam um registro de progresso que pode ser consultado para entender o desenvolvimento do grupo ao longo do tempo. Isso é especialmente útil quando se trabalha com repertórios desafiadores, em que a evolução pode ser mais lenta e menos evidente em curto prazo. Ao comparar gravações de diferentes momentos, é possível verificar os avanços e fazer ajustes mais estratégicos.

Envolvimento dos cantores

Outro ponto importante na avaliação pós-ensaio é envolver os cantores no processo. Compartilhar com eles trechos das gravações e discutir os pontos fortes e fracos pode ser muito enriquecedor. Esse tipo de *feedback* coletivo estimula o senso de responsabilidade individual e grupal, fazendo com que todos os membros do coral se sintam parte ativa do progresso musical. Além disso, ouvir a própria voz em conjunto com o grupo oferece uma perspectiva única, permitindo que os cantores compreendam melhor seu papel dentro do todo.

A avaliação como ferramenta de crescimento

A avaliação pós-ensaio é muito mais do que uma simples revisão; é uma ferramenta essencial para o crescimento contínuo do coral. Ao refletir sobre o que deu certo, o que precisa melhorar e como essas melhorias podem ser alcançadas, o regente garante que o grupo esteja sempre evoluindo. As gravações – sejam em vídeo ou áudio – desempenham um papel vital nesse processo, oferecendo uma visão clara e objetiva do ensaio.

> Além de contribuir para o planejamento futuro, a avaliação pós-ensaio fortalece a conexão entre regente e coral, criando uma cultura de autocrítica construtiva e aperfeiçoamento contínuo. Em última instância, essa prática eleva a qualidade musical do grupo, preparando-o cada vez mais para *performances* de alto nível (LAWSON, 1967, p. 253).

Um ensaio bem planejado é uma ferramenta poderosa para o desenvolvimento musical de um coral. Não se trata apenas de repetir incansavelmente uma música, mas de trabalhar de forma estratégica e detalhada, equilibrando técnica, musicalidade e engajamento. O planejamento cuidadoso do regente, aliado à sua capacidade de ajustar o enfoque conforme as necessidades do grupo, é o que transforma um ensaio comum em uma experiência musical rica e produtiva para todos os envolvidos.

AQUECIMENTO

O aquecimento tem o objetivo de despertar o corpo e a mente para cantar. De maneira bem prática, para vozes adultas, isso significa cantar através da região de *passagio* com sucesso pelo menos duas ou três vezes.

Uma sequência básica de aquecimento deve incluir relaxamento/alongamento, conscientização de postura, incluindo em pé e sentado, exercícios de respiração, ressonância, articulação e extensão de registro.

Importância do suspiro e sirene

É necessário fazer uma diferença clara entre "suspiro" e "sirene". Alguns usam os termos como sinônimos, mas as técnicas são distintas. O "suspiro" é sempre um exercício descendente que ajuda o cantor a relaxar a laringe e estabelecer a sensação de espaço no canto. O suspiro deve ser feito preferencialmente usando a vogal "u". A "sirene" é um glissando ascendente seguido de um glissando descendente, muitas vezes utilizado como exercício para aumentar a extensão vocal. É importante ter muito cuidado no uso da sirene, pois cantores amadores têm a tendência de elevar a laringe no glissando ascendente e mantê-la nesta posição no glissando descendente, perdendo assim a sensação de espaço (JORDAN, 2005, p. 59).

Procedimento para o suspiro descendente

1. Sempre faça o suspiro descendente na vogal "u".

2. Crie espaço na cavidade oral relaxando a mandíbula.

3. Mantenha o palato mole levemente ativado durante o suspiro.

4. Ensine e reforce a ideia de que o som vocal deve permanecer para frente e alto enquanto a nota vai descendendo.

5. Mantenha os lábios arredondados no som.

6. Use um gesto físico para reforçar estes pontos.

Exercícios de Ginástica Respiratória de Strelnikova

A ginástica respiratória de Strelnikova é um método desenvolvido por Alexandra Nikolaevna Strelnikova, que se concentra na respiração e em exercícios físicos simples para melhorar a saúde respiratória e geral. Strelnikova foi uma cantora de ópera russa. Os exercícios são projetados para serem acessíveis a todos, independentemente da condição física. Muitos cantores têm utilizado estes exercícios com muito proveito como parte de uma sequência de aquecimento vocal. Os procedimentos são simples, envolvendo a fungada e movimentos com o corpo. A fungada é uma ação contínua na qual a inspiração e a expiração são feitas pelas narinas. Selecionei dois exercícios que são de fácil execução e muito bom proveito.

1. Fungada com flexão de joelhos

Neste exercício acontece a flexão dos joelhos durante o processo de inspiração e o retorno à posição ereta durante o processo de expiração. Durante a flexão dos joelhos acontece a ativação da musculatura abdominal, auxiliando no processo e na compreensão da respiração abdominal. O exercício deve ser repetido 10 vezes sem intervalos entre as repetições.

Figura 10 – Joelhos flexionados na fungada

2. Fungada com movimento de abertura de braços

A posição inicial deste exercício é com as palmas das mãos juntas em frente ao rosto, como em uma posição de oração, os antebraços permanecendo na vertical. Abre-se os braços em sua totalidade durante o processo de inspiração e retorna-se a posição inicial durante o processo de expiração. Este exercício auxilia na expansão e alongamento do tórax. Deve ser repetido 10 vezes sem intervalos entre as repetições (SHETIININ, 1999; GREENBERG, 2020).

Figura 11 e 12 – Posição Inicial / Abertura de braços

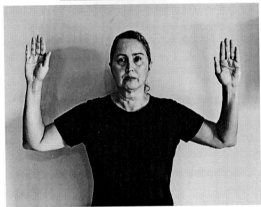

Vogais

Essas são elementares ao cantor. Qualquer vogal sustentada por algum período de tempo é uma altura musical. São as vogais que carregam o som. É importante fazer a distinção entre "som aberto e fechado" e "vogal aberta e fechada", que se refere basicamente a distância entre o céu da boca e a língua em posição de descanso. Em vogais abertas há maior distância entre o céu da boca e a língua. Nas vogais fechadas há menor distância entre o céu da boca e a língua, sem criar uma obstrução que dê característica de uma consoante. Assim sendo, há um sentido de verticalidade em todas as vogais. Som aberto e fechado no canto são referências cunhadas informalmente (pois não são termos técnicos), e estão relacionadas a um achatamento das vogais em que há sentido horizontal.

Veja no quadro abaixo a relação das vogais básicas. Entre colchetes está o símbolo IPA (*International Phonetic Alphabet*) e, entre barras, a vogal equivalente em português.

Figura 13 –

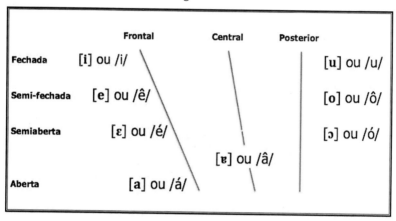

Enquanto a formação de vogais é um evento mais interno, dentro da cavidade oral, o formato dos lábios também ajuda na formação dos sons. As imagens a seguir podem ser úteis, desde que não haja um esforço excessivo em diferenciar as vogais através do formato dos lábios.

Figura 14 e 15 – /u/ /i/

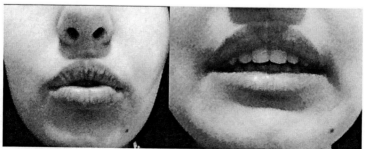

Figura 16 e 17 – /ê/ /o/

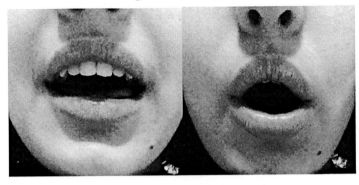

Figura 18 – /a/

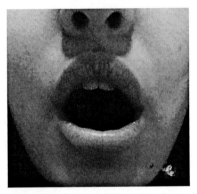

Há ainda a questão da modificação de vogais. De maneira bem simples isso significa que uma vogal aberta passa a ser feita como uma vogal fechada e vice-versa. O que é especialmente útil em extremos de registro.

Exercícios básicos para diferenciação de vogais

1. Primeiro faça a sequência das vogais falando legato, permitindo o movimento natural de lábios e mandíbula.
2. Não tente manter/segurar nenhuma posição de lábios, língua e mandíbula.

3. Observe o pequeno movimento da boca na articulação das vogais.
4. Cante os exercícios.

Figura 19

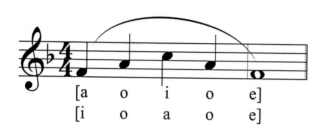

Figura 20

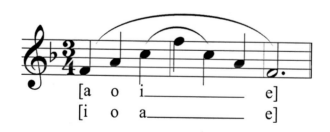

(MILLER, 1996, p. 69-77; GARRETSON, 1993, p. 91-94)

Sequência de Aquecimento 1

- Saudação

Regente canta e coral repete: "Bom dia", "Boa tarde", "Boa Noite", de acordo com o período do dia, explorando a tessitura.

Figura 21

- Alongamento/bocejo.
- Caminhada -- Corrida leve -- Corrida mais intensa, sem sair do lugar.
- Fungada com flexão de joelhos.
- Sirene: "u"; "o"; "a" em tríades; movimento lateral de braços (usar suspiro em seguida, se necessário).
- Quinta descendente no registro médio grave e grave em "u" e "a".
- Quinta ascendente em "ia", flexionando os joelhos para baixo ao ir em direção à nota superior.
- "Sh" descendente, soltando todo o ar.

Sequência de Aquecimento 2

- Alongamento/relaxamento:

Escalando e caindo, suspirando em "a" (descendente, do agudo para o grave).

Deixar braços, cabeça e tronco pendentes.

Levantar lentamente fazendo o alinhamento postural.

- *Plié*: inspiração/expansão na direção do ar; expiração/retorno a posição inicial.

Figura 22 e 23

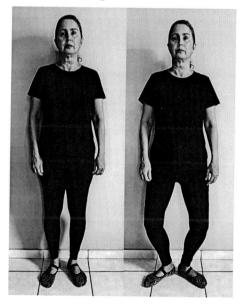

- Sh – F – S: um de cada vez com as mãos em movimento descendente.

Figura 24

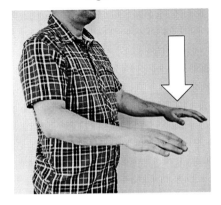

- Ng: sem pensar tanto nas alturas, em movimento circular:

Figura 25

- Ngi – ngé – nga – ngó – ngu: na mesma nota, indo e voltando
- Começando no registro médio-grave, subindo em tons ou semitons, legato:

Figura 26

Exercício de 17 notas.

Legato:

Figura 27

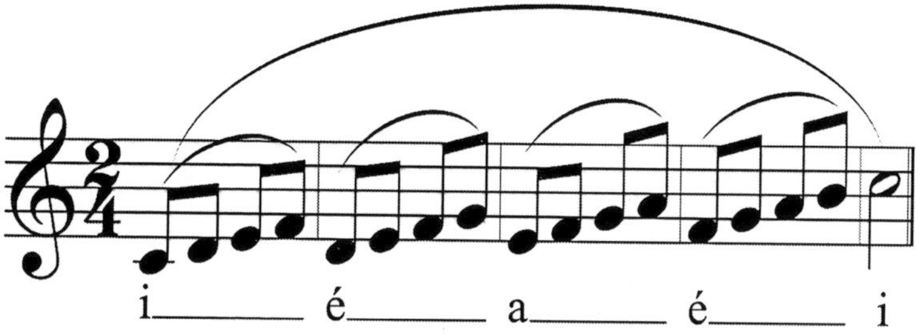

![sheet music]

i____ é____ a____ é____ i

Sequência de Aquecimento 3

- Alongamento/relaxamento:

Imitar marionete, boneca de pano

Levantar pesos (halteres) sentindo energia para cima e para baixo, flexionando joelhos.

- Fungada com movimento de abertura de braços.
- Suspiro em "u".
- "U" em movimento circular (mola).
- Sequência de vogais "u-ó-a", graus conjuntos—tríades—arpejos:

Figura 28

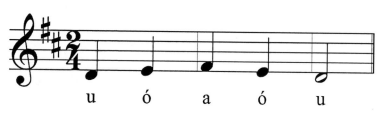

u   ó   a   ó   u

Figura 29

Figura 30

POR QUE E COMO ENSINAR LEITURA MUSICAL PARA CANTORES

A importância de cantores aprenderem a ler à primeira vista

A leitura à primeira vista, ou "solfejo à primeira vista", é a habilidade de ler e executar uma peça musical sem ensaio prévio. Para os cantores, essa competência é essencial, pois permite interpretar novas músicas de forma ágil e precisa, ampliando suas capacidades como músicos e sua versatilidade em diferentes ambientes. No entanto, a importância dessa habilidade vai além da simples decodificação de notas e ritmos; ela representa um passo significativo em direção a uma verdadeira alfabetização musical, permitindo que os cantores desenvolvam uma compreensão mais profunda e abrangente da arte que praticam.

Aprimorando a alfabetização musical

A alfabetização musical é composta por uma série de competências que vão muito além de apenas identificar notas em uma partitura. Ela abrange a compreensão de elementos essenciais como ritmo, melodia, harmonia, dinâmica e expressividade. Quando os cantores desenvolvem a habilidade de ler à primeira vista, eles aprofundam sua relação com cada um desses elementos, o que, por sua vez, reflete na qualidade de suas *performances*.

Por exemplo, a habilidade de ler e interpretar ritmos com precisão ajuda o cantor a manter o controle sobre o andamento e o fraseado de uma peça, mesmo em situações ao vivo, onde a pressão é maior. Além disso, ao se familiarizarem com a notação musical, os cantores passam a reconhecer padrões melódicos e harmônicos, facilitando a compreensão estrutural das obras. Isso os torna capazes de abordar peças com maior confiança, reduzindo o tempo de ensaio dedicado à assimilação de notas e permitindo que se concentrem mais nos aspectos interpretativos e expressivos da música.

Facilitando a colaboração com outros músicos

Em contextos de conjunto, seja em coros, orquestras ou grupos vocais menores, a capacidade de ler à primeira vista torna-se um recurso indispensável. Ensaios com grupos que compartilham essa habilidade fluem de maneira mais eficiente, com menos tempo dedicado à aprendizagem individual das partes. Isso permite que o foco se desloque para a interpretação artística e a coesão do conjunto, aspectos fundamentais para uma *performance* de alta qualidade.

Quando todos os membros de um grupo são proficientes em leitura à primeira vista, o ensaio se transforma em um espaço criativo, no qual a exploração de nuances musicais e a lapidação dos detalhes interpretativos se tornam prioridade. A leitura à primeira vista, portanto, não é apenas uma questão de agilidade técnica, mas também de permitir uma colaboração artística mais rica e produtiva.

Expansão das opções de repertório

Uma das grandes vantagens da leitura à primeira vista é a abertura de um vasto leque de opções de repertório. Cantores que dominam essa habilidade têm a capacidade de abordar obras em uma variedade de gêneros, desde peças tradicionais até repertórios mais contemporâneos ou desafiadores. Eles podem enfrentar novos desafios musicais sem a preocupação de se sentirem despreparados.

Essa versatilidade não só enriquece a experiência musical do cantor, como também aumenta sua competitividade no mercado musical. Em um ambiente artístico cada vez mais exigente e diversificado, a capacidade de lidar com uma ampla gama de estilos e composições é uma vantagem crucial. Cantores que conseguem se adaptar rapidamente a diferentes contextos musicais, seja em audições, ensaios ou *performances*, são vistos como profissionais mais completos e preparados.

Construindo confiança e independência musical

Outro benefício significativo da leitura à primeira vista é o desenvolvimento de confiança e independência nos cantores. Quando um cantor é capaz de abordar uma nova peça com segurança e precisão, ele ganha maior autonomia em sua jornada artística. A independência adquirida pela habilidade de ler música de forma eficaz permite que os cantores enfrentem desafios sem depender constantemente de um regente ou professor para orientá-los.

Essa autossuficiência fomenta uma atitude proativa em relação ao aprendizado, encorajando os cantores a explorar por conta própria novos repertórios e técnicas. Eles passam a se ver como agentes ativos em seu próprio desenvolvimento musical, o que é crucial para o crescimento contínuo e para a construção de uma carreira sólida (DEMOREST, 2001, p. 1-3).

Métodos de aprendizado: o caminho para a excelência

Dominar a leitura à primeira vista é um objetivo importante, mas a forma como essa habilidade é aprendida pode ser igualmente determinante para o sucesso. Cada cantor tem um estilo de aprendizado único, e é importante encontrar métodos que se adaptem às necessidades individuais. Abaixo estão algumas abordagens que podem tornar o processo de aprendizado mais eficaz:

1. Engajamento ativo

Os cantores devem se envolver de forma ativa com a música, utilizando exercícios que combinem leitura e vocalização. Cantar enquanto lê ajuda a solidificar a relação entre a notação e a prática vocal.

2. Prática consistente

A regularidade na prática da leitura à primeira vista é fundamental. Sessões curtas e frequentes são mais eficazes do que práticas intensas e esporádicas. Criar uma rotina consistente é essencial para o progresso gradual.

3. Uso de tecnologia

Há muitos aplicativos e softwares que ajudam a melhorar as habilidades de leitura musical. Esses recursos interativos oferecem exercícios variados que podem tornar o processo de aprendizado mais dinâmico e acessível.

4. Exposição a diferentes estilos

Diversificar o repertório é uma estratégia eficaz para aprimorar as habilidades de leitura à primeira vista. Ao explorar diferentes gêneros musicais, os cantores são expostos a uma gama mais ampla de notações e práticas musicais, o que aumenta sua adaptabilidade.

Uma abordagem flexível

Há diferentes métodos para o ensino de leitura musical, que, de uma maneira ou outra, podem ser resumidos assim: 1. Dó móvel, 2. números, 3. Dó fixo, e 4. consciência de intervalos (DEMOREST, 2001, p. 21). Independente da metodologia adotada, o mais importante é manter em mente que diferentes cantores terão diferentes resultados dependendo da abordagem utilizada. Por isso, recomendo que sua abordagem tenha flexibilidade, justamente para incluir no processo de aprendizagem todos os seus cantores. Lembre-se também que a velocidade de aprendizado pode variar muito de indivíduo para indivíduo dentro do seu grupo de cantores.

Procedimentos simples para a introdução de leitura musical

O primeiro passo é naturalmente colocar seu coral em contato com as partituras do repertório que está sendo estudado. Em um primeiro momento basta indicar onde na partitura cada voz está. Peça para que cada cantor procure "seguir" a letra da música olhando para a sua voz na partitura. Coloque números bem legíveis em todos os compassos da partitura e explique que estes números são referências. Quando você precisar trabalhar em um ponto específico, indique o número de compasso referente. Gradativamente seus cantores vão desenvolver uma consciência da importância da partitura.

O ritmo é o elemento mais básico da música. Uma maneira simples de introduzir leitura musical para um coral amador é dar consciência a algo que o grupo já faz. Por exemplo, introduzir os valores rítmicos de um exercício de respiração.

Figura 31

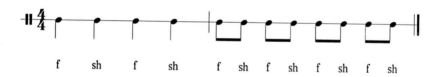

O coral já sabe fazer o exercício de respiração alternando "f" e "sh", porque você demonstrou e foi imitado pelo grupo. Consequentemente, não haverá dificuldade em entender a notação rítmica deste exercício. Sendo assim, você já introduziu dois valores rítmicos para o seu coral, semínima e um par de colcheias. Procure, então, fazer conexões com a partitura do repertório que está sendo ensaiado.

Este mesmo procedimento pode ser repetido com diferentes exercícios utilizados nos momentos de aquecimento. Pouco a pouco vá apresentando a notação musical destes exercícios.

A introdução da leitura melódica pode ser feita cantando uma escala de Dó maior. A maioria dos corais não terá dificuldade em cantar a melodia dessa escala. Peça que o coro cante a escala de Dó maior em alguma sílaba neutra, "lá" ou "nô", por exemplo. Apresente a seguir os nomes das notas e faça o coral cantar usando os nomes das notas. Você pode em um primeiro momento apresentar somente a clave de sol. No entanto, é importante apresentar também a clave de fá.

Figura 32

Uma vez que o coro é capaz de cantar lendo a partitura de Dó maior, é possível começar a fazer "jogos". Sim! Trate esse momento como um jogo divertido! O resultado será muito mais proveitoso! Veja a seguir algumas possibilidades de exercícios.

Figura 33 – Arpejo

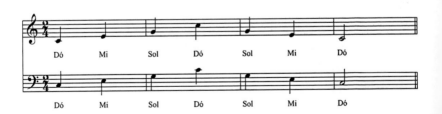

Figura 34 – Dueto 1

Retire os nomes das notas da partitura, mas continue pedindo que os cantores cantem os nomes das notas.

Figura 35 – Dueto 2

O uso de duetos vai ajudar seus cantores a ganharem consciência visual e aural de que estão cantando partes distintas. Observe que no *Dueto 2,* somente graus conjuntos são usados. Faça vários exercícios em que as vozes cantam partes distintas, mas que são em graus conjuntos. Isso permite uma leitura mais acessível, mas que possui interesse sonoro e, especialmente, pontos de tensão entre as vozes.

Aprendi o exercício a seguir em uma oficina com Henry Leck. É uma maneira muito agradável de obter consciência dos intervalos. Uma vez que o coro obtém domínio sobre o exercício como apresentado, você pode pedir que os cantores omitam as notas entre intervalos. Por exemplo, ao invés de cantar "Dó", "Ré", "Mi", quando for cantar a 3ª. maior, cantar apenas "Dó" e "Mi", observando o tempo de "Ré" como pausa. Este procedimento adiciona mais uma camada de "diversão" ao jogo.

Figura 36 – Exercício de Escala de Henry Leck

O exercício a seguir é útil para ajudar o coral a construir acordes e perceber a progressão harmônica. Todas as vozes cantam a progressão harmônica usando graus conjuntos, exceto o baixo. Em um primeiro momento é possível pedir que os baixos "preencham" o intervalo de 4ª. Justa, entre o 2º. e 3º. compassos, cantando "Dó", "Ré", "Mi", e no penúltimo compasso, preencham a 5ª. Justa, cantando "Sol", "Mi".

Figura 36 – Exercício de Escala de Henry Leck

Você pode criar seus próprios exercícios ou adaptar exercícios de um livro de solfejo. No entanto, é muito importante que todo o processo de aprendizado de leitura musical tenha um senso de pequenos passos e grandes conquistas. Não tente sufocar seu coro com muita informação. É melhor oferecer doses homeopáticas de conhecimento prático que ao longo do tempo ajudarão o coro a ter uma sólida formação musical.

UNIDADE 4
Coral Escolar

DESENVOLVENDO UM CURRÍCULO CORAL ESCOLAR[10]

É raro encontrar na atualidade uma escola que não possua um coral. Incentivadas pelo brilhantismo que a música adiciona às atividades escolares cada vez mais as escolas buscam ter seus próprios corais, assim, o canto coral tem sido a manifestação musical mais comum na escola. A atividade de canto coral nas escolas tem sido desenvolvida de duas maneiras básicas: como atividade co-curricular, ou como atividade curricular. O enfoque deste texto é com a segunda opção, quando o canto coral é utilizado como parte do currículo escolar, preenchendo os requisitos do estudo de música na escola.

A utilização do canto coral como atividade curricular representa uma enorme oportunidade para o desenvolvimento de uma área de conhecimento humano muito antiga: a própria música, juntamente com seu sistema de simbologia. Como tal, a atividade de canto coral deixa de ser apenas entretenimento, diversão ou passatempo, para assumir um importante papel educacional dentro do currículo escolar. Através do repertório de canto coral, diversos aspectos históricos, sociológicos, estéticos e espirituais podem também ser ensinados dentro de um ótimo contexto interdisciplinar. Naturalmente para que este tipo de objetivo possa ser alcançado, o canto coral necessita ser justamente abordado através de uma visão curricular, na qual o canto coral passa a possuir um programa pedagógico que envolve mais do que o ato de cantar em grupo.

Elementos básicos do currículo de canto coral

O desenvolvimento de um currículo de canto coral para a escola implica em aprendizado que vai além do necessário para

---

[10] Este artigo foi publicado originalmente em: *Revista da Educação Adventista, Ano VI, No. 1, 2002.* Foram feitas algumas alterações no texto para esta edição.

uma boa apresentação pública. Currículo significa aquilo que é ensinado, estudado e aprendido, além da sequência ou ordem na qual o tema de estudo é ensinado. Alguns dos elementos básicos de um currículo "coral escolar" são:

1. Técnica vocal/coral
2. Leitura e percepção musicais
3. Vocabulário
4. Teoria musical
5. Estilo musical
6. História da música

O ensino desses elementos traz aos alunos habilidades, técnicas, conceitos e teorias que os tornam melhores cantores e músicos. Mesmo assim, muitos daqueles que estão envolvidos com corais de escola pensam que tomar o tempo necessário para ensinar estes elementos irá prejudicar o preparo de repertório para apresentações. Isto não poderia estar mais distante da realidade e, podemos utilizar o elemento da leitura musical como exemplo. Alunos que aprendem a cantar somente através da repetição, pelo piano ou exemplo vocal, e não sabem ler música são como alunos que recitam poesia mas não aprenderam a ler. A analogia aproxima-se do absurdo, pois não podemos conceber alunos que saibam recitar poesia e não conheçam a interpretação do sistema de linguagem escrita. Apesar disto, é comum observarmos o processo no canto coral nas escolas. Num momento inicial o ensino de leitura musical pode parecer mais lento para o aprendizado do repertório, mas isto se dá mais em função da quebra de um paradigma vigente do que em função de observações concretas. Os resultados obtidos com o ensino de leitura musical a médio e longo prazos mais do que justificam o ensino deste elemento. Mesmo a curto prazo, resultados mensuráveis são obtidos.

Canto coral e educação integral

Consideremos a seguir como a experiência de canto coral na escola pode contribuir para a educação integral do aluno. Já mencionamos que aspectos históricos, sociológicos, estéticos e espirituais podem ser ensinados através do canto coral. Tomando como exemplo o aparentemente simples assunto de hinos pátrios brasileiros, podemos através do canto coral explorar diversas perguntas que levarão o aluno a uma reflexão do assunto e não apenas a uma execução musical mecânica e desinformada. Algumas destas perguntas são: "de que maneira os nossos hinos pátrios são musicalmente semelhantes?" (ritmos e construção melódica); "qual a relação existente na temática das letras dos hinos pátrios?"; "a letra que cantamos hoje em nosso Hino Nacional foi sempre usada desde a sua composição?" (houve uma versão louvando D. Pedro II, por ocasião de sua coroação); "qual foi o contexto histórico político para a composição de nossos hinos pátrios?".

Um outro assunto importante é o da diversidade cultural na extensão do território brasileiro que pode ser ricamente abordado e ilustrado no canto coral, proporcionando um excelente exemplo de interdisciplinaridade. O trabalho com canções típicas das várias regiões do Brasil, folclóricas ou não, oferece a oportunidade para o aluno compreender de uma maneira mais significativa as diferenças de costumes, vocabulário, dialetos, como a influência de diversas etnias na formação não somente de um estilo musical manifesto em características rítmicas, melódicas e harmônicas distintas, como também na formação da cultura regional como um todo. Diversidade ou pluralidade cultural é um dos chamados temas transversais propostos pelos Parâmetros Curriculares Nacionais (PCN). Através do canto coral, este trabalho pode realmente alcançar o seu objetivo de valorização e respeito das várias culturas e etnias. Seguindo a linha de pensamento, o estudo de canções de outros países amplia a visão do aluno muito além da própria música, envolvendo aspectos de sociologia, geografia e história, além da linguagem, claro.

Países nos quais o canto coral é utilizado dentro do currículo escolar preocupam-se na elaboração de programas pedagógicos de canto coral, na formação desse profissional da educação. No Brasil o canto coral na escola teve momentos áureos no passado, principalmente no governo de Getúlio Vargas, quando Heitor Villa-Lobos esteve à frente da educação musical nacional, com seu projeto de canto orfeônico. Apesar dos momentos políticos difíceis de repressão cultural que nosso país passou, sem levar em conta as graves crises econômicas, o canto coral na escola nunca deixou de existir por completo. Com o surgimento da Nova Lei de Diretrizes e Bases e a edição dos Referenciais Curriculares da Educação Infantil e dos Parâmetros Curriculares Nacionais, o ensino musical na escola voltou a possuir legitimidade. Com esse impulso a música voltou a ter um espaço mais adequado dentro da escola, surgindo a responsabilidade de conduzir as atividades musicais da escola de forma curricular, dentro de um programa pedagógico.

DESENVOLVENDO UM PROJETO CURRICULAR DE CORAL[11]

O canto coral tem estado presente na escola brasileira através dos tempos com diferentes enfoques de conteúdo e propósito. Frequentemente a atividade de canto coral na escola é vista apenas como atividade extracurricular, preenchendo um espaço de lazer, recreação e experiência estética, sem a preocupação de prover ao aluno uma experiência educacional estruturada. Com o respaldo legal da Nova Lei de Diretrizes e Bases da Educação Nacional, e a consequente publicação dos Parâmetros Curriculares Nacionais, conceitos do papel da música dentro do currículo escolar têm despertado um renovado interesse não só de profissionais da área, mas também a atenção de educadores preocupados com uma formação equilibrada e completa do ser humano. Compreendendo que dentro da escola a música pode e deve desempenhar um papel educacional que vai além do repetir notas musicais "bem ensaiadas", cremos que o canto coral utilizado dentro da grade curricular pode ser um fórum no qual diversos conteúdos musicais e de outras disciplinas podem ser apresentados de forma singular e com grande aproveitamento. No entanto, para que este fórum catalizador de conhecimento possa existir é necessário oferecer formação profissional adequada ao docente que trabalhará com canto coral na escola.

Algumas das maiores barreiras na mudança do conceito de coral escolar que "ensaia" visando apresentações públicas, para o que "educa," estão nos próprios profissionais que conduzem a música nas escolas. Para a maioria dos regentes de coral esco-

---

[11] Originalmente publicado como: "Projeto CuCo na Escola: Construindo a Educação Musical Pelo Canto Coral no Currículo Escolar." In: XIV Encontro Anual da ABEM, 2005, Belo Horizonte, MG. Anais do XIV Encontro Anual da ABEM, 2005. Publicação em CD-ROM. Para esta versão foram feitas algumas alterações editoriais.

lar não existe outro modelo de trabalho, a não ser o de ensaiar músicas para apresentá-las em público. Não nos cabe aqui uma análise profunda sobre o assunto, mas é fácil compreender que se um professor-regente de coral escolar não experimentou na sua própria formação educacional o canto coral como parte integral do currículo escolar, mesmo que esteja convencido dos benefícios de uma prática de canto coral curricular, terá dificuldades em colocar em ação esta proposta. Daí então, a necessidade de envolver regentes de coral escolar em processos que permitam constante atualização profissional, e que possam gerar mudanças nas abordagens pedagógicas de música na escola. Isto pode ser alcançado não somente através de cursos de extensão e pós-graduação, mas também por meio de grupos de estudo e de projetos pedagógicos dentro da própria escola.

Um dos grandes desafios do professor de música na escola é a justificativa da própria música em sala de aula, não somente para pais, colegas de trabalho e administradores de escolas, mas também para si mesmo. Muitos professores defendem que a justificativa do ensino de música na escola é algo que carrega uma certa mística de que a arte "faz bem" para o desenvolvimento da inteligência, ou algum outro conceito abstrato. Há também a questão de enfoque da presença da música na escola. Deve ser utilizada para a formação de músicos, ou para a formação de seres pensantes e atuantes? Proponho duas possibilidades: "educação musical" e "ensino musical". O último sendo constituído de um objetivo maior de *performance* musical, e o primeiro incluindo um conceito amplo de música como parte integral da educação.

A discussão do valor da música na escola é atual e dinâmica, por isso mesmo não podemos nos esconder dela, pois a visão que temos do valor da música na escola determina em grande parte nossas práticas pedagógicas. Os autores HENTSCHE e DEL BEN (2003, p. 176-188) apresentam uma importante reflexão em seu trabalho intitulado *Aula de Música: Do Planejamento e Avaliação à Prática Educativa,* destacando a importância de nossas concepções do que é educação musical para que possamos realmente planejá-la. Um bom projeto curricular de canto coral na escola deve considerar as possibilidades abertas e flexíveis da música como meio para outros objetivos (conteúdos interdisciplinares) e também como atividade humana de valor intrínseco (conteúdos musicais). Afirmo que independente do valor que agregamos ao ensino de música na escola, a disciplina é algo que permeia a sociedade. Justamente por esse motivo necessita de espaço adequado dentro da educação para que possamos preparar cidadãos capazes de interagir com a arte musical nas suas múltiplas manifestações na sociedade. Mesmo reconhecendo as limitações de analogias, seria como conceber de que uma pessoa que viva no século 21 não tenha nenhum contato com informática. Isso é improvável nos dias de hoje. Da mesma maneira que acontece com a informática, podemos sim interagir ativa ou passivamente com a música, sendo meros usuários (consumidores) ou seres pensantes capazes de contextualizar nossas intersecções com a arte musical. Seguindo esta linha de pensamento, destaco os conceitos argumentados por HARNONCOURT (1988), SCHAFER (1992) e SWANWICK (2003) para construir uma prática pedagógica mais musical, mais ampla, inclusiva e crítica.

A construção de um currículo coral escolar é tarefa herculana, mas também muito gratificante. Uma vez que o conceito de educação musical para a formação de cidadania é abraçado, as possibilidades do que pode ser feito em uma aula de coral se multiplicam. Há um verdadeiro senso de liberdade no planejamento e desenvolvimento das aulas. O tradicional formato de aquecimento e "aprender" músicas dá lugar a um momento de descoberta partilhado por alunos e professores. Eventuais problemas disciplinares típicos de ensaios acabam sendo diluídos, dando lugar ao desenvolvimento de um ambiente agradável e positivo de ensino e aprendizagem, o que resulta em uma considerável melhora em vários aspectos da própria *performance* musical, além do trabalho com conteúdos variados.

Em nenhum outro momento da história da educação brasileira houve oportunidades tão propícias para a utilização da música na sala de aula. O estabelecimento de fóruns de discussão, publicação de materiais e o respaldo legal têm contribuído para uma renovação das práticas musicais na escola. Creio que o canto coral é a proposta mais acessível e completa de música no ambiente escolar, permitindo ampla inclusão social e a possibilidade de um trabalho educacional de grande flexibilidade. Em uma aula de canto coral é possível aprender música, e ao mesmo tempo discutir política, geografia, história e estudar idiomas.

Os desafios diante de nós, profissionais da educação musical no Brasil, incluem a criação e estruturação de cursos de graduação e pós-graduação para a formação adequada do profissional que irá trabalhar com música na escola. Além de músico, é necessário ser educador. Uma sólida formação teórica se faz muito importante, mas também uma prática de estágios supervisionados para que o egresso venha a compreender o seu papel na sala de aula e seja um verdadeiro catalizador do desenvolvimento de seus alunos.

METAS DE UM PROGRAMA DE CORO ESCOLAR

Introdução

A construção de um programa curricular de coral na escola começa com o estabelecimento de metas. Em outras palavras, quais são as expectativas que temos em relação ao programa, mas especialmente com relação ao que o aluno vai experimentar ao participar do projeto.

As perguntas a seguir podem ajudar na construção de um currículo:

- Quem são meus alunos e como posso melhor satisfazer suas necessidades?

- Quais os pontos fortes, paixões, preconceitos e limitações que eu como professor trago para a sala de aula?

- O que desejo que meus alunos saibam, sejam capazes de fazer e conhecer?

- Quais normas e currículos devo considerar?

- O que desejo para os meus alunos como adultos musicalizados?

- Como o repertório, ensaios e apresentações vão contribuir para o resultado desejado?

- Como posso coletar evidência e qual o critério para avaliar o sucesso do programa? (HOLCOMB, p. 1, 2014)

A seguir, veremos algumas ideias para um programa curricular de 6º a 9º ano (Fundamental 2).

Após quatro anos no programa curricular de coral os alunos terão:

- Adquirido uma compreensão básica de técnica vocal;
- Compreendido os vários papéis da música na sociedade;
- Demonstrado entendimento dos elementos básicos de notação musical, incluindo: claves e sua relação a divisão de vozes, notas e símbolos expressivos e rítmicos;
- Sido capazes de cantar sua voz/parte individualmente;
- Cantado fazendo uso de escuta ativa, sabendo encaixar sua voz dentro do todo;
- Cantado com articulação clara e timbragem adequada;
- Interpretado uma variedade de estilos musicais com integridade estilística;
- Compreendido e respondido aos gestos do regente;
- Participado de uma variedade de experiências de desenvolvimento social e de liderança, tais como: liderança de naipe, cargo na diretoria do coral, pequenos conjuntos vocais liderados por alunos e interações sociais dentro do programa coral;
- Criar e comunicar usando elementos musicais.

O coral produzirá mostras, programas e concertos com o objetivo de desenvolver apreciação musical no corpo estudantil, docente e comunidade como um todo.

METAS DETALHADAS DO PROGRAMA DE CORAL ESCOLAR

Introdução

Este projeto curricular de coral foi concebido pensando em uma escola que não tem uma tradição de instrução musical. Assim, o principal objetivo inicial é apresentar mostras, programas e concertos que desenvolvam no corpo de alunos, docente e comunidade, uma apreciação musical e uma compreensão do valor educacional da música como parte do currículo.

Após quatro anos no programa coral os alunos terão experimentado:

1. Aquisição de uma compreensão básica de técnica vocal.

- A fisiologia da voz;
  - O mecanismo vocal;
  - O mecanismo de respiração/apoio.
- Boa produção de som;
  - Imagem mental e comando;
  - Boa postura para o canto;
  - Relaxamento;
  - Controle da respiração;
  - Fonação;
  - Ressonância;

- Articulação;
- Formação de vogais.

2. Compreensão dos vários papéis da música na sociedade.

- Música como uma forma de arte;
  - Explorar o desenvolvimento da música ocidental através de *performances* de repertório de todos os tempos.
- Música como entretenimento;
- Conhecer os diferentes tipos de música para entretenimento.
  - Música de show;
  - Música produzida comercialmente.
- Música com função social ou religiosa;
  - O uso da música em casamentos, formaturas, funerais etc.;
  - Os vários tipos/estilos de música sacra.
    - Música como parte de uma liturgia;
    - Música religiosa contemporânea.
- Música como uma expressão da cultura.
  - Música folclórica nacional e internacional;
  - Jazz e gêneros afins;
  - Música como um veículo de protesto social/político.

3. Demonstração prática (cantando) de compreensão dos elementos básicos de notação musical, incluindo claves e sua relação a divisão de vozes, notas, símbolos expressivos e rítmicos.

- Cantar escalas maiores/menores e todas qualidades de tríades;
- Ler notação musical de tabelas e quadro;
  - Aprender a ler diferentes claves.
- Ler notação musical de peças simples e exercícios de solfejo;
- Capacidade de encontrar nota inicial a partir de uma nota base.

4. Capacidade de cantar sua voz/parte individualmente.

- Desenvolver sequência de *Ouvir—Pensar—Cantar;*
- Desenvolver a memória tonal;
  - Ouvir e cantar tríade tônica e marcadores harmônicos.
- Demonstrar habilidade em exercícios individuais e de pequenos grupos.

5. Cantar fazendo uso de escuta ativa, sabendo encaixar sua voz dentro do todo.

- Desenvolver um senso de "cantar com os ouvidos";
  - Habilidade de ouvir sua voz individual em relação ao seu naipe e aos outros naipes.
    - Ajustar volume, entonação (afinação), qualidade de timbre e articulação.

6. Cantar com articulação clara e timbragem adequada.

- Aprender a interpretar os diferentes símbolos de articulação;

- Legato;
- Staccato;
- Portato;
- Marcato;
- Tenuto.

- Aprender a controlar sua voz para produzir sons que são;

  - Leves ou pesados;
  - Brilhantes ou escuros.

7. Interpretar uma variedade de estilos musicais com integridade estilística.

- Desenvolver a capacidade de diferenciar os estilos;

  - Aprender a classificar os estilos corais através de.
    - Escuta de gravações;
    - Experiência prática, comparando diferentes grupos.

- Desenvolver flexibilidade vocal para cantar uma ampla variedade de estilos;

  - Alcançar uma compreensão de produção vocal apropriada para cada estilo;
  - Exercitar a voz para obter flexibilidade vocal.

8. Compreensão e resposta aos gestos do regente.

- Estabelecimento de andamento e respiração;
- Cortes;
- Dinâmica;
- Articulação.

9. Participação em uma variedade de experiências de desenvolvimento social e de liderança.

- Liderança de naipe;
- Cargo na diretoria do coral;
- Pequenos conjuntos vocais liderados por alunos;
- Interações sociais dentro do programa coral;
- Desenvolvimento de uma atitude cooperativa.

10. Criação e comunicação.

- Improvisar melodias, variações e acompanhamentos;
- Compor e fazer arranjos com instruções específicas.

UNIDADE 5
Estudo de caso

NOSSA EXPERIÊNCIA NO UNASP

Este Projeto de Construção de Currículo foi concebido tendo em mente a disciplina de Prática Coral do Curso de Licenciatura em Música no UNASP, campus Engenheiro Coelho (SP). O curso foi implantado em 1999, e desde então a disciplina de Canto Coral tem sido desenvolvida na forma de ensaios com algumas apresentações. A partir de 2007 foi iniciado um processo de desenvolvimento de um currículo para esta disciplina, incluindo conteúdos específicos e avaliação individual.

O desenvolvimento da prática coral como parte do currículo requer planejamento cuidadoso tanto do currículo a ser estudado quanto das abordagens pedagógicas deste conteúdo.

O presente currículo foi baseado nos padrões de ensino da MENC (*The National Association of Music Education*) e na série de Crocker e Leavitt *"Essential Musicianship"*.

A estruturação do programa de coral prevê a divisão dos alunos em três grupos:

1. Coral Feminino
2. Coral Masculino
3. Coral Misto

CORAL FEMININO E CORAL MASCULINO

Objetivos:

1. Aprendizado prático contextualizado de leitura musical.

- Escalas maiores e menores;
- Claves de sol e fá;
- Métricas: 2/4, 3/4, 4/4, 2/2, 3/2 e 4/2;
- Exercícios de solfejo baseados em tônica;
- Canções em uníssono;
- Cânones;
- Canções em duas, três e quatro vozes;
- Repertório apropriado para a idade e habilidade musical/vocal dos alunos;
- Repertório diversificado, incluindo música sacra e secular, erudita, popular, folclórica, não ocidental e repertório coral tradicional;
- Repertório em diferentes idiomas.

2. Desenvolvimento de conceitos básicos de canto coral/técnica vocal.

- Postura: em pé e sentado;
- Respiração;
- Anotações na partitura;

- Usar adequadamente técnica vocal para cada estilo diferente de música;
- Trabalhar questões de registro e tessitura com os homens.

3. Compreensão da importância do canto coral na educação musical.

- Aprendizado musical;
- Diversidade cultural;
- Higiene vocal e saúde.

CORAL MISTO

Objetivos gerais do programa coral

Durante o período de participação no programa os alunos precisam:

1. Descobrir que a música é uma arte expressiva;

2. Valorizar o seu próprio envolvimento como fazedores de música e ouvintes ativos;

3. Compreender as qualidades expressivas de interpretação musical;

4. Desenvolver a habilidade de descrever a música através da linguagem verbal e não verbal;

5. Compreender como os elementos básicos da música (ritmo, melodia e harmonia) são combinados de maneiras diferentes para produzir música de diferentes estilos, épocas e culturas;

6. Exibir uma compreensão da linguagem musical, incluindo o uso de símbolos e terminologia musicais.;

7. Desenvolver habilidades de leitura musical próprias para o repertório estudado;

8. Desenvolver uma compreensão de princípios básicos de técnica vocal e saúde vocal;

9. Participar individualmente e criativamente.

OBJETIVOS DETALHADOS DO PROGRAMA DE CORAL MISTO

Como resultado de participação no programa coral, os alunos devem:

1. Descobrir que a música é uma arte expressiva, demonstrando através de:

- Descrições verbais do significado de texto e música;

- Expressão física através de movimento corporal do significado de texto e música;

- Execução musical vocal que reflete as qualidades expressivas do texto e música.

2. Valorizar o seu próprio envolvimento como fazedores de música e ouvintes ativos

- Desenvolvendo critérios para avaliar a qualidade e efetividade da *performance* musical, aplicando a sua própria *performance* e audição;

  - Monitorando progresso em direção a objetivos musicais.

    ◦ O aluno irá notar desenvolvimento no seu alcance individual;

    ◦ Ouvir gravações de ensaios para avaliar progresso em aspectos como: afinação, formação de vogais, equilíbrio e timbragem;

    ◦ Auto avaliar-se tanto como um cantor solo quanto membro do conjunto vocal.

- Ouvir de maneira crítica a si mesmo e outros no coral, concentrando no equilíbrio e timbragem das partes vocais
- Avaliar a si próprio e colegas no tocante a *performance* e ensaios
  - Avaliar a si próprio como solista gravando sua voz no final de cada ano para compará-la a uma gravação feita no início do ano
  - Ouvir criticamente a gravações, comparando *performances* polidas com os primeiros ensaios de uma peça específica

3. Compreender qualidades expressivas de interpretação musical

- Analisar o uso dos elementos musicais em vários exemplos de coral
  - Avaliar a relação entre texto e música (ritmo, melodia e harmonia)
  - Avaliar a adequação de andamento, dinâmica e articulação
  - Demonstrar através de *performance* uma compreensão das qualidades expressivas de obras corais selecionadas

4. Desenvolver a habilidade de descrever a música através de linguagem verbal e não verbal

- Descrever eventos musicais específicos num exemplo aural usando terminologia apropriada
- Descrever tanto eventos musicais específicos quanto não específicos num exemplo aural com movimento corporal (ritmo, atmosfera, formato da melodia, por exemplo);
- Descrever a impressão causada por exemplos musicais através do desenho.

5. Compreender como os elementos básicos da música (ritmo, melodia e harmonia) são combinados de maneiras distintas para produzir música de diferentes estilos, épocas e culturas

- Demonstrar conhecimento dos princípios básicos de métrica, ritmo e harmonia em suas análises musicais;
  - Discutir os elementos musicais, incluindo métrica e ritmo, presentes num determinado exemplo de música coral;
  - Discutir os elementos musicais, incluindo intervalos melódicos e harmônicos, num determinado exemplo de música coral.

- Analisar os usos dos elementos musicais em exemplos de gêneros e culturas diversos.
  - Comparar e contrastar vários tipos de técnica vocal coral (som de jazz versus som renascentista, por exemplo);
  - Comparar e contrastar a qualidade de som em estilos musicais diversos, tais como música coral tradicional, música gospel, música sertaneja e música de grupos vocais de culturas não ocidentais;
  - Discutir e analisar as características musicais de gêneros como madrigal, spiritual e folclórico.

6. Exibir uma compreensão da linguagem musical, incluindo o uso de símbolos e terminologia musicais

- Cantar com expressão e precisão técnica um variado repertório de música coral;
- Discutir suas *performances* e a de outros (gravações e ao vivo), usando terminologia musical apropriada.

7. Desenvolver habilidades de leitura musical próprias para o repertório estudado

- Ler todos os valores e suas respectivas pausas em qualquer métrica;
- Ler melodias simples à primeira vista;
  - Ler e cantar padrões melódicos e estruturas harmônicas usando solfejo e outros recursos.
- Identificar e definir símbolos de notação musical padrões para notas, ritmo, dinâmica, andamento, articulação e expressão.
  - Reconhecer, executar e escrever notação rítmica básica;
  - Reconhecer, executar e escrever notação básica de notas (nomes das notas em claves de sol e fá, incluindo acidentes);
  - Reconhecer e aplicar conhecimento de armaduras de clave ao repertório em estudo.

8. Desenvolver uma compreensão de princípios básicos de técnica vocal e saúde vocal

- Cantar com precisão e bom gerenciamento da respiração por toda extensão vocal (individual), sozinho e em conjuntos vocais pequenos e grandes.
  - Compreender o mecanismo vocal que inclui partes, funções e a voz adolescente em mudança.
    - Descrever e demonstrar postura, respiração, formação de vogais e articulação necessárias para um bom som vocal.
    - Construir um repertório de vocalizes e sua aplicação.
  - Desenvolver e usar habilidades de postura vocal e respiração;

- Descrever e demonstrar boa postura para o canto;
- Desenvolver respiração diafragmática necessária para apoiar o som cantado.

- Desenvolver dicção apropriada através do uso correto da formação de vogais, acentuação silábica, consoantes e ditongos;
  - Cantar com vogais altas e uniformes;
  - Desenvolver dicção apropriada através da formação de vogais;
  - Demonstrar a pronúncia apropriada de ditongos;
  - Desenvolver boa dicção através da articulação precisa das consoantes;
  - Desenvolver uma clara dicção para projetar o significado do texto.
- Desenvolver uma consciência de afinação.
  - Discriminar auditivamente entre cantar afinado e não afinado;
  - Praticar boa afinação/entonação;
  - Desenvolver uma consciência de afinação através do estudo de segundas maiores e menores;
  - Desenvolver uma consciência de afinação através do estudo da escala cromática.
- Exercitar responsabilidade no uso e cuidado da voz.
  - Desenvolver técnica vocal, concentrar-se no uso e cuidado responsáveis da voz;
  - Desenvolver bons princípios de saúde vocal.

9. Participar individualmente e criativamente

- Reger ensaios/apresentações;

- Reger naipe em um círculo;
- Opinar sobre a escolha de repertório;
- Planejar ensaios;
- Refletir criticamente no processo de aprendizado e ensaio;
- "O que precisamos fazer para comunicar essas ideias ao público?";
- "Qual o papel da minha voz/parte neste ponto da música?";
  - Duplas dentro do naipe encontrando passagens difíceis;
  - Naipe em círculos corrigindo/melhorando passagens difíceis;
- "Que tipo de gesto de regência deveria acontecer neste ponto?";
- "Onde devemos concentrar/focar nossa escuta?";
- "Como esta peça é igual/diferente de outras peças que estamos ensaiando ou já ensaiamos?" (SHIVELY, 2013-14).

- Escrever notas de programa (SHIVELY, 2004).

CONSIDERAÇÕES FINAIS

"Tudo quanto te vier à mão para fazer, faze-o conforme as tuas forças" (Eclesiastes 9:10). Este deve ser o nosso lema em tudo que fazemos nesta vida. Procure desenvolver seu trabalho de coral com este pensamento, procurando a cada momento fazer o seu melhor, de maneira diligente. É crucial lembrar que o aprendizado não se limita ao ambiente escolar; ele se estende à prática diária. A experiência prática é insubstituível e muitas vezes revela lições que a teoria não consegue transmitir. Portanto, encorajo você a realizar avaliações periódicas do seu trabalho. Pergunte-se: quais aspectos estão funcionando bem? Quais áreas necessitam de aprimoramento? Essa autoavaliação é uma ferramenta poderosa para o crescimento pessoal e profissional. Não há nada de errado em aprender com os próprios erros. Muito pelo contrário! Os melhores profissionais são aqueles que constantemente estão aprendendo com a sua própria experiência e com a experiência de outros profissionais. Desenvolva uma mentalidade de constante crescimento.

Outro aspecto crucial a ser considerado é a importância de não fazer acepção de pessoas. É fundamental seguir o conselho bíblico que nos ensina que, em Cristo Jesus, "não há judeu nem grego, escravo ou livre, homem ou mulher; porque todos vós sois um em Cristo Jesus" (Gálatas 3:28). Essa passagem ressalta a necessidade de tratar todos com igualdade e respeito, independentemente de suas origens ou circunstâncias. A oportunidade de desenvolvimento deve ser oferecida igualmente a todas as pessoas, sem distinções baseadas em raça, credo, classe social ou gênero. Infelizmente, existem muitas histórias que ilustram como a discriminação pode se manifestar em corais e outras atividades coletivas. Essas experiências negativas não apenas prejudicam os indivíduos afetados, mas também empobrecem o grupo como um todo, limitando seu potencial criativo e harmônico. Portanto, é essencial trabalhar incansavelmente para garantir que todos tenham acesso às mesmas oportunidades. Isso envolve criar um ambiente inclusivo onde cada voz seja valorizada e cada talento possa florescer. Ao promover essa igualdade dentro do coral, não apenas cumprimos um princípio ético fundamental, mas também enriquecemos nossa prática musical e fortalecemos os laços comunitários.

Meu último pensamento está intrinsecamente ligado ao que foi discutido anteriormente. É fundamental lembrar que a música não deve ser um ato egoísta; ela deve transcender o prazer individual. A vocação de um regente coral é, de fato, um chamado que se assemelha a um sacerdócio. Assim como o patriarca Abraão recebeu uma grande bênção de Deus para ser compartilhada com todos, você também deve aprender a transformar seu trabalho com corais em uma grande bênção para todos ao seu redor. A música coral tem o poder de unir pessoas, criar laços e promover experiências coletivas que enriquecem a vida comunitária. Quando você se dedica à regência coral, não está apenas conduzindo vozes; você está moldando experiências emocionais e espirituais que podem impactar profundamente os cantores e o público. Portanto, é essencial que sua abordagem seja inclusiva e generosa.

Ao refletir sobre sua jornada como regente, lembre-se das palavras inspiradoras: "Farei de você um grande regente coral, e o abençoarei. Tornarei famoso o seu nome, e você será uma bênção. [...] e por meio de você todos os cantores e comunidades da terra serão abençoados" (Gênesis 12:2 e 3, minha paráfrase). Essas palavras nos lembram da responsabilidade que temos em nossa arte; somos chamados não apenas a criar beleza, mas também a compartilhar essa beleza com o mundo. Portanto, ao final deste livro, encorajo você a abraçar essa missão com todo o seu coração. Que sua prática coral seja sempre uma fonte de luz e inspiração para aqueles que têm a sorte de participar dela. Que cada ensaio e apresentação sejam oportunidades para espalhar alegria e amor através da música.

REFERÊNCIAS

ABELES, Harold F., et al. *Foundations of Music Education*. New York: Schirmer Books, 1984.

ANDRADE, Mário de. *Aspectos da Música Brasileira*. Belo Horizonte: Villa Rica, 1991.

ARAÚJO, Ulisses F. et al, org. *Programa Ética e Cidadania: construindo valores na escola e na sociedade: inclusão e exclusão social*. Brasília: Ministério da Educação, Secretaria de Educação Básica, 2007.

BAILLOT, Pierre. *L'Art du Violon*. 1834.

BARTLE, Jean Ashworth. *Lifeline for Children's Choir Directors*. Toronto: Gordon V. Thompson Music, 1988.

BENDE, Rodolfo. *Lei de Diretrizes e Bases da Educação Nacional, Regulamentada e Comentada*. São Paulo: RB, Gráfica e Editora, 1998.

BRASIL. Departamento de Ensino Fundamental. *O Canto na Escola de 1º. Grau*. Brasília: Ministério da Educação e Cultura, Departamento de Documentação e Divulgação, 1978.

CAMARGO, Paulo de. *Sociedade Revaloriza o Ouvido Musical*. A Folha de São Paulo [Sinapse], 24 de setembro de 2002.

CARROL, Lucy E. *How to Form a Choir: In Ten Easy -- and not so easy -- Steps*. Adoremus Bulletin. *Online Edition* - February 2006, Vol. XI, No. 10. Disponível em: http://www.adoremus.org/0206LucyCarroll.html. Acesso em: 21 jun. 2015.

CHESTERTON, Gilbert Keith. *The Everlasting Man*. Disponível em: http://www.worldinvisible.com/library/chesterton/everlasting/content.htm. Acesso em: 18 fev. 2015.

CURRICULUM AND STANDARDS FRAMEWORK. *The Arts*. Vitoria, Australia: Board of Studies, 1995.

CZERNY, Carl. *Die Kunst der Fingerfertikeit, Op. 740*. Vienna: Mechetti, 1844.

CZERNY, Carl. *Schule der Geläufikeit, Op. 299*. Paris: Schlesinger, 1833.

DAVID, HANS T.; MENDEL, Arthur; WOLFF, Christoph. *The New Bach Reader*. Nova Iorque: W.W. Norton & Co., 1998.

DEMOREST, Steven M. *Building Choral Excellence*. Nova Iorque: Oxford University Press, 2001.

DWECK, Carol S. *Mindset: A Nova Psicologia do Sucesso*. São Paulo: Objetiva, 2017.

ECO, Umberto. *Apocalípticos e Integrados*. São Paulo: Editora Perspectiva, 1993.

FEIXA-PAMPOLS, C. "A construção histórica da juventude". In: CACCIABAVA, A.,

FEIXA-PAMPOLS, C. e CANGAS, Y. *Jovens na América Latina*. São Paulo: Escrituras, 2004.

FERRAZ, Maria Heloísa C. de T., e FUSARI, Maria F. de Rezende. *Metodologia do Ensino de Arte*. São Paulo: Cortez Editora, 1995.

FRANKL, Viktor E. *A Presença Ignorada de Deus*. Traduzido a partir da 7ª edição alemã, 1988. Editora Sinodal: São Leopoldo-RS, 2007.

GARRETSON, Robert L. *Conducting Choral Music*. 7th ed. Englewood Cliffs: Prentice Hall, 1993.

GREENBERG, Samuel. *A. Strelnikova Breathing Exercises Unique Method of Treating Chronic Diseases*. EBook kindle, 2020.

HANON, Charles-Louis. *Le Pianiste Virtuose*. Boulogne: Alphonse Schotte, 1873.

HAQ, Mahbub ul; SEN, Amartya. *About Human Development*. Disponível em: http://hdr.undp.org/en/humandev/. Acesso em: 2 abr. 2013.

HARNONCOURT, Nikolaus. *O Discurso dos Sons*. Rio de Janeiro: Jorge Zahar Editor, 1998.

HENTSCHKE, Liane e DEL BEN, Luciana. *Ensino de Música: Propostas Para Pensar e Agir em Sala de Aula*. São Paulo: Editora Moderna, 2003.

HOLCOMB, Al. *Planning for Successful Choral Music Experiences*. Westminster Choir College Choral Pedagogy Institute. Impresso de aula. 5 de agosto de 2014.

JOHANSSON, Calvin M. *Music and Ministry*. Peabody, MA: Hendrickson Pub., 1988.

JORDAN, James. *Evoking Sound: The Choral Warm-Up*. Chicago: GIA Pub., 2005.

JULLIEN, François. *O Diálogo Entre as Culturas: Do Universal so Multiculturalismo*. Rio de Janeiro: Jorge Zahar Ed., 2010.

JUNG, Carl G. *O Espírito na Arte e Ciência*. Natal: 1970. Disponível em: http://xa.yimg.com/kq/groups/19052544/1555984724/name/Jung_O+espirito+na+arte+e+na+ciencia+C_G_jung.pdf. Acesso em: 2 nov. 2011.

KILDEA, Paul, ed. *Britten on Music*. Oxford: Oxford University Press, 2003.

KILLIAN, Herbert. *Gustav Mahler in den Erinnerungen von Natalie Bauer-Lechner*. Hamburg: Karl Dieter Wagner, 1984.

KNAUF, Robert. *Junior High School – the Pivotal Point*. IN: NEIDIG, Kenneth L. & JENNINGS, John W. Choral Director's Guide. West Nyack, NJ: Parker Pub. Company, 1967.

KOHUT, Daniel L. & GRANT, Joe W. *Learning to Conduct and Rehearse*. Upper Saddle River, NJ: Prentice-Hall, Inc., 1990.

KREUTZER, Rodolphe. *40 Etuden od Capricen*. Leipzig: Verlag von Bartholf Senff, 1796.

LAWSON, Warner. *Practical Rehearsal Techniques*. IN: NEIDIG, Kenneth L. & JENNINGS, John W. Choral Director's Guide. West Nyack, NJ: Parker Pub. Company, 1967.

LECK, Henry H. *The Boy's* Changing *Expanding Voice: Take The High Road.* Choral Journal, May 2009.

LOPES, Carlos. *Cooperação e Desenvolvimento Humano: a agenda emergente para o novo milênio.* São Paulo: Editora Unesp, 2005.

LOWE, Janet. *Michael Jordan Speaks: Lessons from the World's Greatest Champion.* Hoboken, NJ: Wiley, 2001.

MAFFESOLI, Michel. *O Tempo das Tribos: o declínio do individualismo nas sociedades de massa.* Rio de Janeiro: Forense Universitária, 1998.

MAFFESOLI, Michel. Trad. José Ivo Follmann. *Tribalismo Pós-moderno: Da identidade às identificações.* Ciências Sociais Unisinos 43(1):97-102, janeiro/abril 2007.

MARCON, Carla Simone Corrêa e BORTOLAZZO, Sandro. *Ser ou Pertencer? Comportamento e cultura juvenil.* Textura, Canoas, n. 29, p. 32-42, set./dez. 2013.

MICHELSON, Steven K. *Getting Started with High School Choir.* Reston, VA: Music Educators National Conference, 1994.

MILLER, Richard. *The Structure of Singing.* New York: Schirmer Books, 1996.

MOORE, J. *Strategies for Fostering Creative Thinking.* Music Educators Journal, May, 1990.

OLIVEIRA, Jetro Meira de. *Massificação musical e a perda da individualidade: implicações para a educação musical.* Anais do XXII Congresso da Associação Nacional de Pesquisa e Pós-Graduação em Música – João Pessoa – 2012, p. 1161-1168.

OSTROWER, Fayga. *Criatividade e Processos de Criação.* Petrópolis, RJ: Vozes, 2010.

Parâmetros Curriculares Nacionais, Ensino Médio. Brasília: Secretaria de Educação Média e Tecnológica/MEC, 1999.

Parâmetros Curriculares Nacionais, Introdução. Brasília: Secretaria de Educação Fundamental/MEC, 1998.

Parâmetros Curriculares Nacionais, Terceiro e Quarto Ciclos: Apresentação dos Temas Transversais. Brasília: Secretaria de Educação Fundamental/ MEC, 1998.

Parâmetros Curriculares Nacionais, Vol. 6: Arte. Brasília: Secretaria de Educação Fundamental/MEC, 1997.

PAYNTER, John e ASTON, Peter. *Sound and Silence: Classroom Projects in Creative Music*. London: Cambridge University Press, 1970, 1975, 2011, 2015.

PFAUTSCH, Lloyd. *The Choral Conductor and the Rehearsal*. IN: DECKER, Harold & HERFORD, Julius, eds. Choral Conducting: A Symposium. Englewood Cliffs, NJ: Prentice-Hall, 1973.

PONTIUS, Melvin et al. *A Guide to Curriculum Planning in Music Education*. Madison, Wisconsin: Wisconsin State Dept. of Public Instruction, 1986.

Referencial Curricular Nacional para a Educação Infantil, Vol. 1: Introdução. Brasília: Secretaria de Educação Fundamental/MEC, 1998.

ROBINSON, Ken. *Out of Our Minds: Learning To Be Creative*. Oxford: Capstone Publishing Limited, 2001.

SAITTA, Carmelo. *Creación e Iniciación Musical*. Buenos Aires: Ricordi, 1978.

SCHAFER, Murray. *O Ouvido Pensante*. São Paulo: Editora UNESP, 1991.

SEN, Amartya Kumar. *Desenvolvimento Como Liberdade*. São Paulo: Companhia das Letras, 2000.

SEREN, Lucas. *Gosto, Música e Juventude*. São Paulo: Annablume, 2011.

SHETIININ, Mikhail N. *Ginástica respiratória da Strelnikova*. Moscou: 1999. trad. Arnaldo Cotia Mariz. ed, Educação física.

SHIVELY, Joe. *In the face of tradition: Questioning the roles of conductors and ensemble members in school bands, choirs, and orchestras*. IN: L. BARTEL (ed.), *Questioning the Music Education Paradigm*. Waterloo, ON, Canada: Canadian Music Educators Association, 2004.

SHIVELY, Joe. *Fostering Musical Thinking in Large Ensembles*. Kansas Music Review. Winter Issue 2013-14. Disponível em: http://kmr.ksmea.org/print.php?issue=201314w&section=articles&page=thinking. Acesso em: 28 jun. 15.

SWANWICK, Keith. *Ensinando Música Musicalmente*. São Paulo: Editora Moderna, 2003.

THOMAS, Kurt. *The Choral Conductor*. New York: Associated Music Publishers, 1971.

THOMAS, Ronald B. *Manhattanville Music Curriculum Program*. Nova Iorque: Media Materials, Inc., 1970.

Voice Qualities. Tutorials – Voice Production. National Center for Voice and Speech. Disponível em: < http://www.ncvs.org/ncvs/tutorials/voiceprod/tutorial/quality.html> Acesso em: 24 jun. 2015.

XAVIER, Marlon. *O Conceito de Religiosidade em C. G. Jung*. PSICO, Porto Alegre, PUCRS, *v. 37*, n. 2, p. 183-189, maio/ago, 2006.

ZANDER, Rosamund Stone; e Benjamin ZANDER. *The Art of Possibility*. Nova Iorque: Penguin Books, 2000.